A. J.-Reinach
Membre de l'École française d'Athènes.

RAPPORTS
SUR LES
Fouilles de Koptos

(JANVIER-FÉVRIER 1910)

Adressés à la Société française des Fouilles Archéologiques
et extraits de son *Bulletin*,
augmentés de huit planches et d'un plan.

PARIS
ERNEST LEROUX, ÉDITEUR
28, Rue Bonaparte, 28

1910

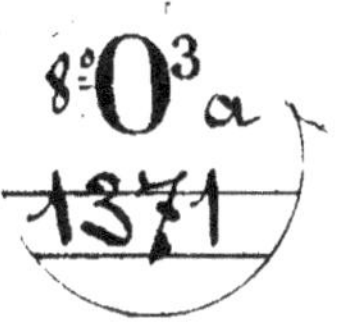

DU MÊME AUTEUR

Publications relatives à l'Égypte :

L'Égypte préhistorique, Geuthner, 1908.

Le Congrès Archéologique du Caire, Leroux, 1909.

ΔΙΟΣΚΟΡΙΔΗΣ Γ' ΤΟΜΟΙ et *Voyageurs et pèlerins dans l'Égypte gréco-romaine*, extraits du *Bulletin de la Société archéologique d'Alexandrie*, nº 11 et nº 13.

Les Gaulois dans l'art alexandrin, extrait des *Monuments Piot*, 1910.

Les Gaulois en Égypte, extrait de la *Revue des Études Anciennes*, 1910.

Premier Rapport
sur les Fouilles de Koptos.

Kouft, 31 Janvier 1910.

Monsieur le Président,

Au terme de la première quinzaine passée à Koptos, bien qu'aucune des recherches entreprises n'ait pu être achevée dans ce laps de temps, quelques uns des résultats acquis paraissent assez importants pour que nous croyions, mon collaborateur, le capitaine R. Weill, et moi, devoir les porter sans retard à votre connaissance et à celle de vos collègues.

La première fouille a porté sur un édifice auquel nous donnons provisoirement le nom de *Temple du Sud* (1). Il est situé, en effet, dans l'angle Sud-Ouest d'une grande enceinte rectangulaire en briques crues qui enveloppait tout le sanctuaire et dont les débris montrent qu'elle ne le cédait pas en ampleur à l'enceinte semblable de Dendérah dont les dimensions sont singulièrement voisines. Cet édifice se signalait à l'attention par un grand mur encore debout et orné de reliefs bien conservés. En 1883, M. Maspero paraît l'avoir vu beaucoup plus complet : un ou deux registres de figures auraient surmonté celui qui est, seul, préservé. L'espoir de retrouver des pièces des registres détruits a été une des raisons qui nous ont fait commencer la fouille en ce point. Cet espoir a été déçu.

(1) Voir le *plan* auquel renvoient les nos qu'on trouvera dans le texte entre crochets.

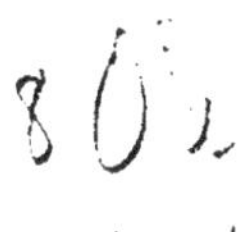

Comme, parmi les blocs sculptés qu'on a dégagés, aucun ne peut être rapporté avec certitude à ces reliefs qui sont de beaucoup meilleure facture, il faut croire qu'ils ont été enlevés en masse. D'ailleurs, le pillage auquel tout le site de Koptos a été soumis jusqu'aux fouilles entreprises en 1892-1893 par Flinders Petrie, — les seules, on le sait, tentées avant les nôtres — paraît avoir été particulièrement intense dans cette région. On n'a guère pu retrouver que la disposition architectonique du *Temple du Sud* et de ses dépendances.

L'ensemble qu'ils forment semble avoir été entouré d'une enceinte particulière. Ses côtés Sud et Ouest [47-48] sont parallèles à ceux du péribole dont subsiste l'angle S.-O., énorme massif de briques crues [51].

On y accédait par deux entrées, un pylône au Sud [43], une porte secondaire à l'Ouest. A 18 mètres du pylône, dans son axe et dans l'alignement du péribole, des restes d'un autre pylône, portant comme le précédent le cartouche de Caligula, avec des murs sculptés, en assez bon état, mais envahis par les maisons des fellahs, n'ont pu être encore explorés [44]. La partie étudiée jusqu'ici montre un ensemble très irrégulier dont les dispositions résultent de plusieurs remaniements. Si l'on fait abstraction d'une dalle réemployée qui porte les cartouches de Thotmès III, l'organe le plus ancien est une porte élevée par Nektanébo I qui ouvre à l'Ouest [38] (1); les Ptolémées, surtout Cléopâtre et Césarion dont Auguste acheva l'œuvre, encadrèrent cette porte de constructions dont la plus notable est une belle chapelle ouvrant au Sud, ornée de tableaux avec légendes qui montrent le roi en adoration devant Min de Koptos et d'autres divinités [39].

A l'époque romaine, la façade occidentale fut embellie d'un grand portique qui se relie architectoniquement au pylône du Sud construit en même temps [42]. La face Nord des joues de ce pylône est ornée d'un grand lion accroupi qu'on retrouve,

(1) Il semble que ce soit de ce temple qu'ait été enlevé le *naos* en basalte vert orné des titres de Nektanebo II, transporté en 1905 au Musée du Caire (Maspero, *Guide*, salle Q, nº 650).

en proportions plus modestes, sculpté au bas d'autres portes des temples de Koptos, et porté sur un trône dans la procession représentée sur le pylône non encore dégagé [44]. A la hauteur de la porte de Nektanébo, une avenue de colonnes part du portique dans la direction de la porte du mur occidental de l'enceinte du temple. Cette porte, élevée au temps de Claude [49], arasée et comblée par la suite, débouche dans une sorte de couloir parallèle à ce mur. A son extrémité Sud s'élève une autre porte de Claude et de Néron, décorée, sur son front méridional, de tableaux en creux, stuqués et peints. Cette seconde porte encore à peu près intacte et qui forme ainsi l'un des points de repère du champ de décombres sera désignée sous le nom de « Porte peinte » : au dessus de la corniche à gorgerin un bandeau plat porte une ligne en démotique [50].

Les briques cuites du mur qui rejoint ces deux portes ont été recouvertes par un mur beaucoup plus épais en briques crues. Il semble qu'on doive l'attribuer à l'époque où l'enceinte du *téménos* fut transformée en cette véritable forteresse dont il subsiste de si imposants débris. Cette transformation paraît avoir été l'œuvre de Dioclétien. C'est à l'époque byzantine, d'ailleurs, qu'appartiennent les maisons dont le mur de briques crues fut envahi sur sa face intérieure, maisons fondées sur décombres à un niveau notablement supérieur à celui de la colonnade romaine. A cette époque, le temple lui-même était noyé sous les remblais ; à $0^{m}.60$ au-dessus de son dallage s'élèvent les soubassements en briques cuites de petites maisons et l'on trouve, dans la colonnade, des restes d'un édifice copte, en blocs arrachés aux constructions pharaoniques, fondé à $1^{m}.20$ au-dessus du dallage impérial.

Les substructions de ces maisons byzantines qui s'élevèrent parmi les ruines du mur nous ont conservé quelques pièces intéressantes, notamment un Bès en calcaire doré découvert, renversé, dans des fondations. Une rencontre plus heureuse, faite dans les sondages destinés à déterminer la direction du mur dont la « Porte peinte » marque l'angle Sud-Ouest, est celle, près de cet angle, d'une tombe romaine, véritable cube en pierres de taille [46]. Si le sarcophage ouvert indiquait une violation déjà ancienne, la tombe n'en a pas moins conservé de jolies peintures funéraires (1). Non moins intéressante, à 120 mètres environ au Nord, sur l'alignement du même mur, fut la mise au jour d'une statue de roi colossale (haut. 3^{m}.50 ; larg. à la base 0^{m}.80 ; à la tête 0^{m}.60), couchée le long du mur. Taillée dans un seul bloc de granit rouge, elle n'avait jamais été achevée, parce que le bloc s'était brisé au haut des jambes. Ce qui paraît du dos, de part et d'autre du pilier d'appui, est presque complètement modelé ; mais, au milieu de la face à peine dégrossie, se voit encore le sillon médian qui devait guider le sculpteur. Sur le pilier d'appui, on reconnaît, à travers le martelage qu'elle a subi, les traces d'une titulature royale. Le bloc de granit semble donc avoir servi originairement de jambage à un édifice du Nouvel Empire.

Peut-être avait-il été destiné à orner la façade d'un édifice découvert à une trentaine de mètres au Sud-Est. Cet édifice, dont le dégagement est l'objet de notre seconde fouille, sera désigné provisoirement sous le nom d'*Édifice des Piliers de Thotmès III*. Du remblai accumulé par l'arasement des grands murs de briques crues qui se rencontrent à cet emplacement affleurait seulement, en effet, la tranche supérieure de deux piliers rectangulaires en granit rouge. Dégagés, ils sont apparus comme les montants monolithes (hauteur conservée 0^{m}.90 ; larg. 0^{m}.70) de la porte d'un édifice élevé par Thotmès III (2). Sur leur face Ouest ses titres sont gravés en superbes hiéroglyphes : six cents ans plus tard, Osorkon I a fait inscrire plus modestement les siens sur la face interne. Quelqu'ait été leur rôle primitif, ils paraissent avoir été englobés dans un petit temple dès le début de l'époque ptolémaïque. Ce sont les

(1) Un sarcophage de granit et une stèle auraient été transportés il y a quelques années au Caire. Dans une autre chambre funéraire semblable, à 60 mètres à l'E. [15], le sarcophage en pierre est encore en place, mais il a été violé de même.

(2) Ces piliers [30 et pl. IV] ont déjà été vus par Flinders Petrie (*Koptos*, pl. XIII) qui ne semble pas avoir poursuivi ses fouilles sur ce point.

cartouches de Ptolémée II qui s'allongent sur la face intérieure de deux colonnes en calcaire placées à 1 mètre environ en arrière des piliers [31]. Après une seconde porte, une troisième, éloignée d'une dizaine de mètres des piliers, mais sur le même axe, était comprise entre deux stèles, dont la tranche porte également les noms de Philadelphe et qui se rapportent au culte d'Osiris, de Hor-Khouti (Horus de l'Horizon) et de Qeb [32]. Mais la construction paraît n'avoir été achevée qu'à l'époque romaine, car c'est un empereur (1) qui figure, sur un curieux tambour de colonne, en adoration d'une part devant Amon et Horpechrout (Harpocrate), de l'autre devant le dieu-crocodile Sovkou.

S'il semble difficile de déterminer auquel de ces dieux l'édifice était plus particulièrement consacré, le caractère religieux en paraît dès maintenant hors de doute. Les deux colonnes de Ptolémée II et les deux piliers de Thotmès III constitueraient un Petit Hypostyle avec la colonne papyriforme fasciculée qui, de part et d'autre des piliers, semble avoir porté en son centre le tambour à figures ; à l'Est, les deux seuils détermineraient une première salle ; à l'Ouest, des bases carrées, de forts tambours lisses, de lourds chapiteaux floraux campaniformes encore peints de vives couleurs appartiendraient à un Grand Hypostyle ou à un *pronaos*. Toutes ces colonnes paraissent appartenir à l'époque ptolémaïque et au début de l'ère impériale, ainsi qu'une statue de roi assis, en calcaire, de grandeur naturelle, malheureusement sans inscription et de travail médiocre. A la même époque remonteraient aussi trois dépôts de purification formés de petits bronzes : insignes divins en réduction et surtout Osiris de toute taille, depuis les statuettes hautes de 0m.20 à 0m.25 jusqu'aux brochettes minuscules et aux éventails en miniature contenant de deux à dix de ces dieux qui ne mesurent guère plus de 2 centimètres. En dehors des piliers de Thotmès III, on n'a trouvé que deux pièces plus anciennes : à 1 mètre sous le troisième seuil, un buste en calcaire provenant d'une statue consacrée à Mîn et à Isis de

(1) [On a reconnu par la suite qu'il s'agissait de Claude. Voir le *deuxième Rapport*.]

Koptos par un haut officier d'un roi dont le cartouche est gravé sur chaque épaule ; ce cartouche, très effacé (peut-être celui de Ramsès II), et la coiffure font penser à la grande époque thébaine. Sur le deuxième seuil, supportant le gond de la porte, une belle table de libation en albâtre était renversée : des deux petits côtés, l'un est occupé par les cartouches de Nektanébo I, l'autre par deux oiseaux *rekhyt* en adoration ; sur les côtés longs, neuf prisonniers représentent les « Neuf Arcs », figuration traditionnelle des ennemis de l'Égypte.

Des reliefs et des légendes des parois, on n'a trouvé jusqu'ici que deux blocs, l'un appartenant aux scènes coutumières de culte, l'autre présentant de nouveau le cartouche de Ptolémée II. Le bouleversement de l'édifice s'explique, d'ailleurs, en partie, par la double reconstruction dont il a été l'objet. La première est caractérisée par un mur de briques crues soigneusement crépies à la chaux ; la deuxième par des briques cuites qui dépassaient le premier mur de 0m,60 et ensevelissaient les colonnes de Ptolémée II jusqu'à 0m,90 au-dessus de leur dallage. Au fond d'une des niches pratiquées dans l'épaisseur de ce mur, une gourde en terre cuite, du type dit « bouteille de pèlerin », trouvée en place, établit sans conteste que ce sanctuaire, comme le *Temple du Sud*, était occupé par des maisons vers la fin de l'Empire romain.

L'histoire de cet édifice s'éclaircira peut-être quand sera élucidée celle d'un monument voisin et parallèle, de nature encore énigmatique. L'affleurement d'un bloc de calcaire sous un énorme massif de briques crues a conduit à y engager une fouille profonde qui a donné des résultats importants [25].

Le terre-plein en briques crues et en pisé sous lequel disparaissait la moitié septentrionale de l'Édifice des Piliers de Thotmès III, mesurant environ 20 mètres (Est-Ouest) sur 30 mètres (Nord-Sud), se creusait à l'Est en une sorte de cour carrée. Du côté Ouest, côté où le massif qui la délimitait était le mieux conservé, ce massif était divisé en son milieu par un couloir rempli de déblais. Au Sud du couloir, le massif s'élevait à 6 mètres ; au Nord, il n'atteignait plus que 5 mètres ; mais son front, mieux conservé, présentait une large rainure si caractéristique que nous l'avons désigné sous le nom de *mur à rainure* [26].

Au pied de ce mur à rainure, un bloc de calcaire et d'autres qui le suivent, larges de près de 2 mètres, ont été trouvés noyés sous la brique crue. Dégagés, ils ont paru placés en surplomb sur une espèce de chaussée dont les blocs, en grès violacé, mesurant 1 mètre en largeur et en profondeur et jusqu'à $2^{m}.65$ en longueur, reposent sur la terre vierge. Une autre chaussée, parallèle à la précédente et plus complètement dégagée, occupait le couloir bordé au Nord par le mur à rainure ; elle s'étend sur près de 8 mètres, dont la moitié à l'Est de ce mur, en dehors du couloir et au milieu de la cour. A l'extrémité orientale, la première chaussée (au Nord de celle de 8 m.) supporte un énorme bloc en surplomb (haut. 1 mètre ; larg. $1^{m}.75$; long. $1^{m}.85$), celui dont l'affleurement fut le point de départ de la fouille. Dès le début, en dégageant la face Nord de ce bloc, on a rencontré sept grandes dalles superposées, accolées par un de leurs côtés longs à cette face et au bloc de la chaussée qui lui sert de support. C'étaient, comprises entre deux dalles non inscrites, cinq stèles (1-4 et 6) de l'Ancien Empire, empilées avec soin la face en bas, plutôt que jetées pour combler ce trou ; un fragment semblable (5) fut trouvé dans les déblais à l'Ouest de ces stèles et une septième stèle (7) de la même époque, mêlée avec des plaques de calcaire anépigraphes, s'est rencontrée sous le bloc qui forme pont entre les deux chaussées, à la base du mur à rainure. Inscrites en une gravure très fine sur de grandes plaques en un calcaire feuilleté, rendu fragile par les nodules qu'il renferme, pénétré de salpêtre et que l'humidité et la pression ont achevé de déliter, ces stèles ne purent qu'au prix de grandes difficultés être extraites, transportées à notre maison, nettoyées, déchiffrées et, enfin, mises en caisse. Si, dans ces différentes opérations, on n'a pu les empêcher malheureusement de se morceler suivant les brisures préexistantes et de laisser en route quelques parcelles, on a du moins conscience que rien n'a été perdu du texte. L'importance exceptionnelle de ces documents qui remontent au milieu du 3e millénaire amènera à leur consacrer le plus tôt possible une étude spéciale (1). En attendant qu'elle permette d'obtenir des renseignements plus complets sur l'objet et le texte de ces stèles, contentons-nous de dire que les plus importantes d'entre elles se rapportent aux droits de propriété du sanctuaire de Min de Koptos, tant à ceux qui lui appartiennent en vertu des réglementations générales, qu'à ceux concédés par privilège du roi. Voici la liste de ces stèles :

1. Stèle de Papi I ($1^{m}.79 \times 0^{m}.92$) : commémoration de *la première fois de la fête Sed*. Dans l'en-tête arrondi, tableau en creux représentant le roi, en adoration devant Min de Koptos ; derrière le roi, sa mère, la reine Aptou, dont le nom semble paraître ici pour la première fois.

2. Stèle de Papi II ($1^{m}.18 \times 0^{m}.95$) : datée du *quatrième mois de Shemou, jour 28*, sans indication d'année.

3. Autre stèle de Papi II ($1^{m}.09 \times 0^{m}.51$) : datée de *l'an d'après la « dixième fois », deuxième mois de Shemou, jour 28*. Ce mode de datation, spécial à l'Ancien Empire, se réfère à un inventaire des biens du domaine royal qui avait lieu tous les deux ans : *l'an d'après la 10e fois* est donc l'an 20 ou 21 du règne. Tout ce qu'on savait jusqu'ici de la durée réelle de ce règne, dont Manéthon et le Papyrus de Turin font le plus long de l'histoire, est que Papi II a célébré deux fois la fête Sed.

4. Fragment de stèle, appartenant probablement à Papi II : une portion d'un cartouche d'Horus qui peut être celui de ce roi est conservée et la disposition du texte apparente cette stèle aux précédentes.

5. Stèle du roi *Ouadjkara* ($1^{m}.39 \times 0^{m}.85$) dont le nom d'Horus est *Demd-ab-taoui* :

(1) M. R. Weill compte les publier très prochainement dans un mémoire sur *Les décrets royaux de l'Ancien Empire* (Paris, Geuthner).

Elle appartient à un prince *Adi, chef de la ville de la pyramide royale, gouverneur, prêtre de Min de Koptos*. Il y a de grandes analogies entre cette stèle de Ouadjkara et les précédentes, analogies résidant d'abord dans la nature de la pierre, puis dans la manière dont sont disposées les lignes et colonnes de texte, enfin dans l'emploi de formules similaires. Ces analogies semblent suffisantes pour établir que Ouadjkara et Papi II sont très voisins; or, comme Papi II, fils de Papi I, est le dernier roi de la série connue sous le nom de VIe dynastie et après laquelle s'ouvre une période historique encore très obscure, on peut admettre que Ouadjkara succéda, après un court intervalle, à Papi II. Rappelons que ce roi Ouadjkara n'était connu que par un scarabée du British Museum, qu'on ne savait trop où placer et qui ne donnait pas son nom d'Horus, et par un *graffito* nubien (1).

6. Stèle d'un successeur de Papi II, au nom en partie perdu, mais qui pourrait être le *Ouadjkara* de la précédente; on y retrouve le grand officier Adi.

7. Stèle du roi *Nofirkaouhor*, dont le nom d'Horus est *Noutirbaou* ($0^m,70 \times 0^m,60$) :

Cette stèle est datée du *deuxième mois de Proit, jour 20e*, sans indication d'année, singularité déjà observée sur une des stèles de Papi II (2). Ainsi Nofirkaouhor, comme Ouadjkara, se révèle voisin de Papi II et cette indication est confirmée

(1) Weigall, *A Report on the Antiquities of Lower-Nubia* (1907), p. XIX, 2. XXI, 2. [D'après la nouvelle copie faite avec le plus grand soin par le Dr Roeder et que celui-ci a bien voulu nous communiquer, le *ouadj* ne serait pas certain.]

par l'identité presque complète des titres du prince *Shemaï*, *chef de la ville de la pyramide royale*, grand officier et prêtre de Min, à qui appartient la stèle, avec les titres du prince Adi rencontrés chez Ouadjkara. Comme Ouadjkara, le roi Nofirkaouhor n'était pas connu jusqu'ici sous son nom d'Horus et le seul document qui en fît mention était la Table d'Abydos. Elle en fait l'avant-dernier roi de la VIIIe dynastie et le place au 55e rang, dix-sept rangs après Papi II.

Cet intervalle semble maintenant beaucoup trop long et la combinaison la plus simple que suggèrent les nouvelles inscriptions paraît consister à faire de *Ouadjkara*, Horus *Demd-abtaoui*, un des premiers successeurs de Papi II, fils de Papi I, petit-fils de la reine *Aptou*; *Nofirkaouhor*, Horus *Noutirbaou*, a dû suivre de près *Ouadjkara*. Ainsi, ces princes, comme ceux de la VIe dynastie, tout en ayant leur capitale à Memphis, étendaient leur puissance jusqu'à Koptos.

C'est sur l'entrée dans l'histoire de ces deux rois qu'on peut classer au début de la VIIIe dynastie (si l'on ne tient pas compte de la VIIe connue seulement par un texte de Manéthon de caractère évidemment légendaire)(1) que nous sommes heureux de pouvoir clore ce rapport sommaire sur la première quinzaine de nos fouilles, en espérant qu'elle paraîtra d'un bon augure pour leur continuation.

(1) C'est aussi l'avis que M. Maspero exprime dans l'article du *Journal des Débats* (août 1910), où il a bien voulu présenter nos stèles au grand public.

Deuxième Rapport sur les Fouilles de Koptos.

Kouft, 28 Février 1910.

Monsieur le Président,

Au nom du capitaine R. Weill et au mien, j'ai l'honneur de vous adresser ce deuxième *Rapport* préliminaire sur les fouilles entreprises à Koptos sous les auspices de la *Société des Fouilles Archéologiques*.

Comme nous le laissions entendre dans le précédent *Rapport* notre principal travail en ce mois a été le dégagement complet du radier où se trouvaient les stèles de la VIe et de la VIIIe dynastie et l'attaque, sur le front opposé (Ouest), du terre-plein compris entre ce radier, le Temple des piliers de Thotmès III et la levée moderne que soutiennent à l'Ouest les restes de la grande enceinte en brique crue. Pour expliquer la lenteur apparente du travail il suffit de rappeler que les arasements des édifices antiques n'ont été découverts, sous le terre-plein, qu'à une profondeur variant de 5 à 6 mètres et que l'on s'est efforcé de respecter les maisons d'époque romaine et d'époque copte dont les débris, accumulés avec ceux du grand mur en brique crue, ont donné naissance à cet énorme remblai.

Les résultats de cette fouille profonde empêchent heureusement de regretter le temps qu'elle a coûté. Sans doute, nous n'avons pas mis la main sur d'autres stèles de l'Ancien Empire et les prolongements des radiers qui les contenaient, composés de blocs énormes, n'ont fourni que trois petits fragments inscrits : deux étaient d'époque ramesside ; le troisième, portant un bras replié, permettait d'espérer que les pierres d'une grande paroi sculptée avaient été employées pour constituer ce radier.

Cet espoir n'a pas été déçu. Dans un radier perpendiculaire aux précédents [36], dont les six assises formaient le soubassement d'une joue de pylône (soubassement haut de 3m.50 à 4 mètres), 12 blocs (sans compter les petits fragments) sur 46, se sont trouvés décorés de sculptures du même style que le fragment dont il vient d'être question (dimension moyenne : 1m.50 × 0m.80 × 0m.70). Les noms royaux qui figurent sur trois d'entre eux permettent d'affirmer que ces sculptures remontent au second souverain de la XIIe dyn., Senousrit I (Ousirtesen). Flinders Petrie, au cours de ses fouilles opérées en 1893 dans un autre sanctuaire dont il sera question plus bas, avait déjà trouvé plusieurs pièces appartenant au même monument : un jambage qui montre Senousrit sacrifiant aux déesses Bastit et Nekhabit, une scène de décoration murale où le roi danse devant Min, et deux fragments de même provenance portant, l'un la partie supérieure d'un Min, l'autre une déesse coiffée du vautour (1). Bien qu'il n'ait pas été possible de procéder sur place à l'ajustement et au nettoyage complet des 13 blocs qui viennent s'ajouter à ces 4 pièces, on peut y reconnaître des scènes de culte qui appartiennent sans aucun doute au même ensemble : la présentation du roi aux dieux, le roi leur faisant des offrandes et des libations, la procession des enseignes sacrées. Ces scènes sont accompagnées de légendes en superbes hiéroglyphes, répétant les titres royaux et les formules d'usage. L'une d'elles ajoute une donnée précieuse, la date du monument : an 19 du roi, mois 4 de Shaït, jour 10e (novembre 1961 d'après Ed. Meyer).

Ces sculptures sont exécutées au ciseau dans un calcaire très blanc, mais aussi très tendre et qui a malheureusement beaucoup souffert de l'humidité (2) : dans le creux, peu profond, la

(1) Petrie, *Koptos*, pl. X, 2, 4.

(2) Aussi plusieurs pièces se sont-elles fendues suivant des lignes de moindre résistance de la pierre pendant le découpage à la scie et au maillet

figure est modelée en relief; les détails des traits et du costume ont été tracés au poinçon; des traces de couleur bleue subsistent dans certains creux. Le Moyen-Empire a laissé des bas-reliefs plus puissants ou plus fins : il en est peu d'un travail plus soigné.

A côté de ces sculptures sur calcaire, les soubassements du pylône ont livré la moitié supérieure (h. 1m,38) d'un jambage en granit veiné de rouge foncé : « ce temple en granit dur, le fils de Râ, Thotmès (l'a élevé) » dit l'inscription qui l'orne. Le nom d'Horus du roi atteste qu'il s'agit de Thotmès III et le jambage a donc pu appartenir à l'édifice voisin que les deux montants de granit encore en place nous ont fait désigner sous le nom d'Édifice des piliers de Thotmès III.

Sans élucider complètement l'histoire de cet édifice et de ses relations avec les radiers parallèles les déblaiements auxquels est due la trouvaille du jambage de granit et des reliefs de calcaire n'ont pas manqué d'y ajouter des éléments nouveaux.

Pour les piliers de granit rouge, qui subsistent seuls de l'édifice de la XVIIIe dyn., quatre fragments de la partie supérieure de celui du Sud ont été recueillis. Ils montrent que la titulature de Thotmès III s'étageait, en deux colonnes, au-dessus de la partie en place où se lit : *Menkhèperra Amon-kha-m-mennouf*, « Menkheperra (Thotmès III) est Amon se levant en ses monuments. » De la XIXe dyn., il reste le buste de statue au nom de Ramsès II dont il a été question dans le précédent *Rapport* et un tambour de colonne orné du cartouche du même monarque, répété tout autour entre des *uraeus*; de la XXIIe dyn., la titulature d'Osorkon I gravée à la face interne du pilier de Thotmès III; de la XXXe, la table de libation en albâtre de Nektanébo I. Table et tambour de colonne ont été réemployés lors des restaurations qu'a subies l'édifice. La première de ces restaurations est due à Ptolé-

qu'il a fallu entreprendre pour pouvoir transporter les blocs avec moins de difficultés et de frais. La plupart ont été ainsi réduits au tiers de leur épaisseur primitive.

mée II : il engloba les piliers de Thotmès dans la façade d'un édifice rectangulaire (au *maximum* 16 mètres en façade, au *minimum* 13 mètres en profondeur) à trois travées. Cet édifice semble avoir été tout entier en briques crues, sauf les deux colonnes rondes au nom de Philadelphe, les portes d'entrée et de sortie de la chapelle à laquelle aboutissait la travée centrale, et de rares fragments de reliefs en calcaire dont on a déjà signalé celui qui porte le cartouche de Philadelphe. L'un de ses successeurs, probablement Ptolémée IV, donna à la travée Nord une porte particulière. Sur ses montants en pierre, le roi, dans différents registres, était montré en adoration devant Min, Amon et d'autres dieux. Une nouvelle restauration, au début de l'ère impériale, superposa des murs de briques cuites à ceux de briques crues dans la chapelle et développa, au-devant de la façade, une sorte de *pronaos*, formé d'au moins 3 colonnes (diam. 0m,70), avec une colonne en retour flanquant la porte de Ptolémée IV. C'est à Claude qu'appartient le tambour de colonne déjà mentionné qui montre l'empereur en adoration devant Sovkou et Harpocrate ; il autorise à croire que l'ensemble de la restauration est dû à cet empereur. Peut-être fut-elle déjà commencée sous Caligula, dont les cartouches se trouvent sur des fragments stuqués recueillis entre cette colonnade et la joue de pylône voisine (long. 5 mètres, larg. 1m,40 avec 0m,20 de retrait au centre) [35].

Cette joue de pylône, dont le soubassement a été formé au moyen des blocs sculptés de Senousrit I, s'élevait dans l'alignement de la colonnade dont elle est contemporaine, à 5 mètres environ au Nord. Sur la partie inférieure de ce pylône, la seule encore debout, des sculptures étaient plaquées aux faces Sud et Est. Sur la face Sud, on voit le roi agenouillé sur le *noub* et tenant les crémaillères où pend le signe du jubilé ; à la face Est, une triade de Nils, marchant vers le temple, sur chacune des deux parties avancées, et une longue inscription sur la partie en retrait. Les seuls cartouches subsistants, malheureusement très confus, peuvent convenir à Domitien ou à Trajan, en raison des deux titres : *Sebites Kermenikes*, que donne un même cartouche. Seuls, ces deux empereurs paraissent avoir reçu en Égypte à la fois le nom de *Sébastos* et celui de *Germanicus*. La médiocre qualité de l'exécution ferait pencher en faveur de Trajan. En tout cas, les plaques minces sur lesquelles ces sculptures ont été grossièrement découpées étaient empruntées à des monuments antérieurs ; la tranche de l'une d'elles montrait la fin d'un cartouche de Ramsès III.

De très peu postérieure au gros œuvre de ce pylône, du temps de Claude ou de Néron (1), une colonnade longue de 11 mètres, large de 1^{m},40, fut édifiée au Nord du pylône, limitant du côté de l'Ouest une avenue dallée. A l'extrémité Nord de ce portique à trois grosses colonnes rondes, s'ouvrait une petite porte qui mettait en communication l'avenue dallée avec un couloir parallèle, compris entre l'autre face de la colonnade et le grand mur d'enceinte. La face occidentale du pylône et de la colonnade sont à peine dégrossies. Pour le pylône ce fait se comprend de lui-même : c'est cette face que noyait le massif en brique qui, rattachant le pylône à l'enceinte, est la raison même de son existence. Pour la colonnade dont le stylobate descend par trois degrés (hauts de 1^{m},20) sur l'avenue dallée, divers indices laissent supposer que le couloir, s'élevant à un niveau supérieur à celui de l'avenue dallée, recouvrait à l'Ouest le stylobate jusqu'à hauteur du degré supérieur. La porte ouverte à l'extrémité Nord de la colonnade aurait donné, dans cette hypothèse, sur un triple gradin ; elle aurait permis de ce côté l'accès du couloir qu'on se figure aisément com-

(1) Aux raisons tirées de l'analogie architecturale de cette colonnade [36] avec celles d'un pylône daté de Néron qui seront indiquées plus loin (p. 31), on doit ajouter celle qu'on peut tirer d'un fragment de table de libation. Ce fragment, trouvé au niveau de la colonnade, porte une inscription qui peut se restituer :

Παρθ]ЄΝΙΟϹ ΠΑΜΙ[νεως
προστάτης]ΙϹΙΔΟϹ ΘЄΑ[ς μεγίστης

Or, le même personnage est connu en cette même qualité de *prostatès* d'Isis à Koptos par une dédicace à Kronos de juillet 32 (*IG.-rom.* 1172). La construction de la colonnade a donc dû commencer sous Tibère pour s'achever sous Néron.

pris entre le promenoir formé par la colonnade à l'Est et des maisons et boutiques appuyées au grand mur à l'Ouest. Peut-être aussi, à la hauteur correspondante à la petite porte, une poterne s'ouvrait-elle dans le grand mur. En tout cas, l'importance de ce passage devait tenir surtout à ce que la colonnade se continuait au delà. Un soubassement d'appareil identique à celui de la colonnade, a été découvert, en effet, limitant ce passage au Nord. A une distance de la dernière colonne de la colonnade égale à celle qui sépare celle-ci de la précédente (4 mètres environ), ce soubassement supportait une colonne de même diamètre ($1^{m},30$). Cette colonne faisait fonction de support d'angle. Après s'être arrondi pour s'harmoniser avec la base de cette colonne, le soubassement quitte la direction Nord-Sud de la colonnade pour une direction Est Ouest. Il forme ainsi comme un fond à l'avenue dallée et comme un pendant au pylône. Le dallage le contourne à l'Est, puis se continue vers le Nord en s'élargissant (de 1 mètre environ il passe à 3 mètres). Le déblaiement n'a pu atteindre l'extrémité Nord de cette avenue dallée : bien qu'il en ait découvert le bord oriental, sans que ce bord se soit trouvé placé sous de nouveaux soubassements, il reste vraisemblable que le terre-plein, encore intact au Nord-Est de cette portion du champ de fouilles [29], recèle des édifices qui faisaient face à la colonnade et avec lesquels le soubassement tournant aurait été destiné à servir de raccord. En tout cas, telle devait être l'intention des architectes du pylône, de la colonnade et du soubassement d'angle. Ils semblent avoir voulu à la fois donner une entrée monumentale au portique qu'ils édifiaient devant les piliers de Thotmès et masquer par des constructions d'un style sobre, mais puissant, la laideur des murs de briques qui formaient une enceinte rectangulaire tout autour du Temple des piliers et de ses dépendances.

De cette massive enceinte en briques crues, double en certaines parties, des vestiges assez importants émergent du terre-plein pour qu'on en puisse reconnaître les dimensions : environ 60 mètres Est-Ouest sur 80 mètres Nord-Sud, avec

3 mètres d'épaisseur et, au moins, 7 mètres de hauteur [28]. Sur le pourtour de ce péribole, on n'a pu opérer encore que quelques sondages; le mur oriental ne passe qu'à 4 mètres de l'extrémité Est des deux radiers parallèles dont l'un a fourni les stèles de l'Ancien Empire. En rejoignant, par une tranchée profonde, le « radier aux stèles » avec l'extrémité Nord de celui qui servait de soubassement au pylône, on a été amené à traverser de part en part, à peu près suivant l'axe Est-Ouest, le terre-plein accumulé à l'intérieur de ce rectangle. Cette grande tranchée, descendue à une profondeur variant de 5 à 6 mètres, a permis de constater que les deux radiers parallèles se réunissaient à l'Ouest du mur que nous avons appelé « mur à rainure ». La large table qu'ils y formaient n'était plus constituée, comme les radiers qui y mènent, d'énormes blocs parementés sur une ou plusieurs de leurs faces et soigneusement appareillés. Des pierres plus petites, la plupart informes, semblent y avoir été jetées pêle-mêle, parfois sur trois assises de profondeur. Parmi ces pierres figurent deux tambours ronds et trois demi-colonnes réunies à queue d'aronde qui ne peuvent être antérieures à l'époque ptolémaïque. C'est là aussi qu'ont été trouvés, enfoncés comme des coins, les trois fragments d'inscription dont il a été question au début de ce rapport: deux d'époque ramesside, le troisième provenant sans doute des sculptures de Senousrit I. Les douze autres blocs provenant de cette paroi sculptée ont servi, on l'a vu, à former le soubassement d'un pylône commencé sans doute par Caligula et par Claude. Il est donc probable que c'est à la même époque que les radiers parallèles et la table qui les unit ont été constitués dans l'état où nous les avons retrouvés. Quelle était alors la disposition des murs qui les supportaient? Quelle en était la raison d'être? La fouille, qui a donné sur la structure de ces murs de nombreux détails qui seront mieux à leur place ailleurs, ne permet pas encore de répondre à ces questions.

L'écroulement inévitable des parties hautes des grands murs et la résolution naturelle des briques crues (qui les constituent en majeure partie) en une terre qu'il est souvent impossible de distinguer de celle du terre-plein, le vieux procédé égyptien qui consiste à constituer des massifs énormes par des murs en briques crues dont les intervalles sont remplis par du pisé, ou simplement par des déblais, tous ces motifs ne sont pas seuls à causer l'obscurité où restent ces questions. Il faut ajouter que le temple, le pylône, la colonnade, comme les grands murs avoisinants, ont été envahis par des maisons, et cet envahissement a été d'assez longue durée pour qu'on puisse retrouver, en certains endroits, jusqu'à trois maisons superposées. Ces maisons n'ont pas seulement contribué à obscurcir les questions qui se posent en bouleversant tous les murs préexistants et en remplissant de leurs pots cassés tous les intervalles et creux qu'ils pouvaient présenter; leur présence et le désir de les respecter dans la mesure du possible ont rendu souvent la fouille singulièrement délicate.

Sans doute, nous n'avons pas eu le bonheur de rencontrer des papyrus parmi leurs débris et leurs détritus; mais la disposition de quelques habitations a pu être reconstituée exactement; des coins de cuisine ou de cave ont été retrouvés presque intacts avec des restes de provisions, des poids et des mesures pour liquides; d'abondantes collections de poterie, de lampes, de figurines ont pu y être formées; les objets en os, ivoire, bronze et fer se trouvent en moins grand nombre ou très détériorés. Un seul bijou, d'un travail très fin d'ailleurs, a été recueilli. Cet ensemble de trouvailles permet de répartir approximativement les maisons entre la fin du IIIe et la fin du VIe siècle, entre l'époque où la meilleure *terra sigillata* se rencontre encore avec des tables de libations et des amulettes égyptiennes — c'est l'époque où les maisons se sont élevées directement sur les soubassements des monuments détruits, y laissant en place de grandes pierres et de puissants mortiers — et l'époque où les plus grossières figurines coptes se mêlent aux lampes chrétiennes. Les figurines, en cet art décadent, reviennent aux types les plus archaïques : la femme aux seins énormes y pressant un enfant minuscule, celle-ci les deux mains repliées sur la poitrine, celle-là levant les bras en l'air ; les quadrupèdes difformes ; les énormes chevaux portant des cavaliers en miniature ;

et, lorsqu'on les a recueillies par dizaines, on vient à se demander si bien des figurines vendues en Égypte comme prédynastiques ou protodynastiques n'ont pas été trouvées de même dans des maisons coptes. Non moins intéressantes pour l'histoire de l'art, paraissent, sur des linteaux de porte ou sur des tables pour mesurer les liquides, parmi les rinceaux et les festons maladroitement sculptés, des têtes grotesques, la bouche ouverte, la langue pendante, qui fournissent comme la transition entre le Bés égyptien et la gargouille diabolique du moyen âge. Quant aux lampes chrétiennes, plusieurs d'entre elles portent des inscriptions en relief, de type connu : **ΑΓΙΟΥ ΑΒΒΑ** (n° d'inv. 48), **Η ΑΓΙΑ ΑΜΜΑ ΙΟΥΛΙΤΤΑ** (173), **ΕΓΩ ΕΙΜΙ ΑΝΑCΤΑCΙC** (544), **ΚΑΙ ΖΩΗC Κ(αι)** (567), **Κ(υρι)Ε COCON ΜΕ** (595) (1).

Koptos, restée très importante à l'époque copte, devrait apporter encore bien des lumières à l'histoire artistique, si intéressante et si mal connue, de cette période (2).

Les vestiges de plusieurs groupes d'*églises* se présentent sur le champ de ruines. C'est celui de l'Ouest que nous avons décidé de déblayer, à la fois parce que son développement paraissait le plus considérable et parce que ceux des blocs qui émergeaient offraient les sculptures les plus remarquables. Ce n'est pas, en effet, le moindre intérêt d'une pareille fouille, que de mettre au jour une multitude de blocs sculptés empruntés aux monuments pharaoniques, grecs et romains, qu'a détruits le Christianisme triomphant. Bien que les constructeurs des églises se soient efforcés de mutiler, de marteler, ou du moins de cacher les sculptures païennes, soit en les renversant, soit en les retaillant, soit en les couvrant de stuc, leur paresse et leur peu de ressources les ont amenés à se servir presque exclusivement de ces blocs. Aussi, dans la masse des pierres employées, beaucoup ont échappé à leurs atteintes et l'on pourrait reconstituer des séries entières de reliefs. Mais, comme ces reliefs ont été dispersés dans les soubassements de diffé-

(1) Les n^os sont ceux de notre *Inventaire* manuscrit.

(2) J'espère pouvoir consacrer bientôt un travail particulier à *Koptos copte*.

rents édifices, ces reconstitutions ne pourraient s'obtenir qu'au prix d'un bouleversement total de ces soubassements.

Il est vrai qu'une fois les plans levés et les photographies prises, la conservation intégrale des substructions auxquelles les églises et leurs dépendances sont aujourd'hui réduites, ne s'impose plus avec la même rigueur. Il ne saurait y avoir, en pareille matière, de principe absolu : il n'y a qu'une série de questions d'intérêt relatif dont la solution est une affaire de mesure et de bon sens. Le temps et les ressources dont nous disposions cette année ne nous permettaient pas, d'ailleurs, d'entreprendre la reconstitution complète d'une série de reliefs. Sur près de 200 blocs sculptés que j'ai pu numéroter et décrire sommairement dans les églises de l'Ouest, nous n'en emportons qu'une quinzaine. Tous étaient des blocs épars ou qui ont pu être retirés sans démolition, sauf trois dont l'extraction a nécessité la destruction d'un soubassement de pilier en granit. Comme le pilier était tombé et que le soubassement était informe, nous avons cru pouvoir enlever une à une les pierres de ce soubassement pour en retirer deux intéressantes portions de corniche, sculptée en relief et peinte de couleurs encore vives, où s'allongent, séparés par des palmettes, les cartouches de Cléopâtre et de Césarion. De celui-ci « Ptolémée surnommé César » les deux cartouches se sont retrouvés ; le premier,

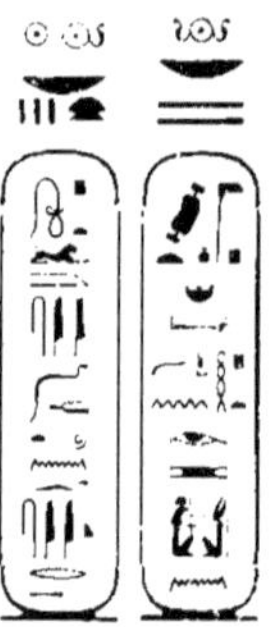

déjà connu, est identique à celui de son grand-père Néos Dionysos, *Ptulmis ankh djet Ptah Asîtmeri*; le deuxième, qui paraît nouveau, ne diffère que par un seul détail du titre correspondant de ce prince : *Pa noutir, aoutenti nehem Ptah, setep en Ra, ar meri Amen* (*ar mat Amen* chez Néos Dionysos). Il semble que, pour faire oublier aux Égyptiens qu'il était fils de César et indigne du trône par ce sang étranger, on ait voulu faire revivre en lui la mémoire et les titres de son grand-père.

Un autre bloc, avec les mêmes cartouches, peints en creux cette fois, a dû être laissé sur place en raison de son poids, mais on a pu emporter encore un autre relief, provenant sans doute du même monument, où une tête d'Hathor émerge devant un Osiris accroupi. Dans toute une série de reliefs, le rôle prépondérant joué par Harpocrate permet de penser qu'ils proviennent du temple où ce dieu était associé à Isis et à Pan (Mîn) ; des inscriptions grecques nous apprennent que le péribole en a été élevé sous Tibère (21/22) et restauré sous Antonin (148/9) (1). Ces reliefs se répartissent en deux groupes : dans l'un, les personnages, presque grandeur naturelle, sont gravés sans profondeur sur un grès très dur ; l'autre, en calcaire tendre, porte des scènes plus petites, plus profondément sculptées et, même, modelées. De chacun des deux groupes nous comptons remporter un spécimen. C'est aussi à titre de spécimen bien conservé que nous avons choisi, entre plusieurs qui gisaient par terre, un de ces grands jambages ptolémaïques monolithes en grès très dur où, sur différents registres, le roi est représenté en adoration devant les dieux. Un intéressant buste d'époque impériale, revêtu de la cuirasse à écailles, est venu s'ajouter aux deux statues romaines, de grandeur naturelle, bien conservées mais privées de la tête et des pieds, que nous possédions d'ailleurs : un homme drapé seulement jusqu'aux jarrets, s'avançant dans une attitude militaire ; un autre, vêtu jusqu'aux pieds de la toge qu'une main ramène sur la poitrine, tandis que l'autre tient un rouleau. Ces pièces ne sont pas sans intérêt, mais les plus importantes qu'ait fournies la fouille des églises de l'Ouest sont en granit.

(1) Cagnat, *Inscr. graec. ad res rom. pert.*, 1168 et 1171.

Citons d'abord un bloc de granit noir taillé en autel trapézoïdal. Chaque côté est large d'environ 1 mètre à la base et haut de 1m,90 : au sommet, le granit est arrondi en corniche à double bandeau et à tore : au milieu d'une des corniches se détache le disque solaire flanqué des *uraeus* : au-dessous s'allonge, en une fine colonne d'hiéroglyphes, la titulature de Ptolémée Philadelphe qui s'achève au cartouche d'Arsinoé placé en travers. Partout ailleurs, l'autel n'a d'autre ornement que l'admirable poli de ses faces.

C'est sans doute aussi à l'époque ptolémaïque qu'appartiennent trois blocs de granit rouge dont la sculpture peu profonde et les dimensions rappellent la chapelle en granit de Philippe Arrhidée à Karnak.

Au registre inférieur reviendrait un bloc où se dressent les fleurs symboliques du Nord et du Sud ; au registre supérieur celui où l'on distingue un roi faisant offrande à Min. Au même registre devait appartenir un bloc de granit où les figures ont presque disparu par suite de sa transformation en pierre de meule ; mais le cartouche de Ptolémée IX y est encore visible. C'est peut-être à ce monarque et à Ptolémée XIII Néos Dionysos qu'est due la construction de ce *naos* en granit rouge. Il se serait élevé dans le grand temple fouillé par Petrie et dont il sera question plus bas. Plusieurs cartouches y attestent l'activité de Néos Dionysos (1). Quant au grand autel cubique en basalte noir couvert des inscriptions de ce prince, signalé par Petrie, il a été transporté l'an dernier au Musée du Caire (2). Beaucoup d'autres pièces de ce *naos*, en syénite rose, paraissent avoir été taillées en chapiteaux doriques pour couronner les colonnes de la basilique chrétienne.

Du moins, sur deux de ces chapiteaux, à la face supérieure de l'abaque, on distingue encore les traces de scènes de culte qui pouvaient décorer le *naos*. Pour les chapiteaux à décor végétal, deux fois plus hauts que les chapiteaux doriques, qui surmontaient une autre rangée de colonnes dans la basilique.

(1) Petrie, *Koptos*, pl. XXVI, 4, 5, 10.
(2) Cf. Covington et Daressy, *Annales du Service*, X, 1909, p. 35.

les blocs du *naos* ptolémaïque ne paraissent pas avoir été assez profonds. On semble avoir eu recours aux blocs beaucoup plus épais d'un édifice de Thotmès III, dont une partie avait peut-être déjà été retaillée pour la chapelle ptolémaïque. Toujours est-il qu'à la face supérieure d'un de ces chapiteaux, on distingue, émergeant des cartouches crénelés qui contenaient le nom de la tribu représentée, trois personnages qui proviennent d'un registre de tribus nègres soumises par le roi. Ce fragment rappelle de trop près les registres semblables que Thotmès III fit graver sur le VIe Pylône de Karnak pour qu'on ne soit pas tenté de les attribuer à ce Pharaon.

Cette induction n'est pas seulement confirmée par les montants en granit rouge qui nous ont fait donner le nom de Temple des Piliers de Thotmès III à l'édifice précédemment étudié. Elle se justifie surtout, par la présence, aux quatre coins du Baptistère que l'on va décrire, de piliers rectangulaires, monolithes, hauts de $4^m,50$, larges de $0^m,90$ sur chacune de leurs quatre faces. Deux autres piliers semblables s'élevaient aux deux côtés de la grande porte de l'édifice qui s'ouvre à l'Ouest du Baptistère. Vus en place par Petrie, ils ont été transportés en 1909 au Musée du Caire. Le tiers inférieur de ces piliers est lisse ; sur les deux tiers supérieurs de chaque face, le roi était représenté, en grandeur naturelle, apportant des offrandes à un dieu ou recevant de lui l'accolade. Sauf la face Nord du pilier qui ornait le montant Nord de la porte de l'édifice de l'Ouest, — elle se trouvait cachée par le mur contigu — toutes les faces de ces piliers ont été soigneusement martelées par les architectes chrétiens. Des inscriptions qui accompagnaient les tableaux, ils n'ont laissé subsister que le signe *ankh*, moins parce qu'il était, en égyptien, le symbole de la vie, que parce qu'il rappelait la croix. Malgré le martelage subi, sous certaines incidences de lumière, on distingue encore des tableaux : ici Amon est reconnaissable à ses plumes, là Horus à sa tête d'épervier, ailleurs Min à son fléau et à son support.

Peut-être une étude attentive parviendrait-elle à retrouver les cartouches royaux. Mais l'identité que ces piliers présentent avec les seize piliers carrés, en granit rose, qui forment trois des faces du péristyle du temple de Thotmès III à Medinet Habou, a suffi à faire admettre par Flinders Petrie que les piliers de Koptos auraient joué un rôle semblable dans le temple de Thotmès III, dont il a reconnu la présence au centre de l'énorme temple gréco-romain fouillé par lui. Une heureuse découverte nous permet de confirmer son induction.

Servant, avec d'autres pierres sculptées, à combler des trous pour former l'espèce d'esplanade sur laquelle s'élevaient les édifices chrétiens, trois fragments de granit rose se sont rencontrés.

Rapprochés, ils ont permis de reconstituer un septième pilier de Thotmès. S'il est brisé, cette brisure, qui avait empêché de l'ériger comme les six autres, avait aussi dispensé les Chrétiens du soin de le marteler. Aussi, deux des faces contiguës se sont-elles retrouvées presque intactes. Sur l'une, le roi, coiffé de la couronne du Nord, présente d'une main les fleurs symboliques, de l'autre une triade d'oiseaux ; sur la face contiguë, le roi, coiffé de la même couronne, reçoit l'accolade d'Amon. Au-dessus des personnages, des légendes contiennent l'une le nom de Souten-Bat, l'autre le nom d'Horus de Thotmès III.

C'est peut-être d'une des faces mutilées de ce pilier ou, plutôt, d'un huitième pilier semblable que proviennent un beau fragment de granit rose, montrant la tête du même roi couronné de la mitre blanche, et le bas d'un pilier qui s'arrête au commencement de la partie sculptée. Enfin, si l'on admet que les six colonnes octogonales monolithes en granit rose trouvées autour du Baptistère ont été taillées dans des piliers semblables, on arrive au chiffre de quatorze. Or, l'on verra que l'on est obligé de supposer l'existence de huit colonnes octogonales. On se trouve donc amené au chiffre de seize, le même qu'à Medinet Habou, donnée qui pourra avoir son importance lorsqu'on essaiera de restituer le grand temple de Thotmès III.

Les édifices dans la construction desquels ces blocs ont été réemployés forment un groupe principal, que nous avons entièrement dégagé, entouré de bâtiments secondaires dont on n'a fait que déterminer l'emplacement et qui, d'ailleurs, ne paraissent pas mériter une fouille approfondie.

Le groupe principal se compose de trois bâtiments : un baptistère à l'Est [5], une abside de basilique à l'Ouest [1] ; entre les deux, un édifice rectangulaire de destination indéterminée [4].

Bien que réduit à la substructure, comme les autres édifices, le Baptistère est d'un plan assez net et les débris des parties hautes assez nombreux pour qu'on puisse le restaurer par l'imagination dans ses grandes lignes ; cette restauration nous rendrait un des édifices les plus caractéristiques de ce genre et d'un travail si soigné qu'on peut le faire remonter au ve siècle.

Quatre escaliers, de quatre marches chacun, disposés comme les bras d'une croix grecque, descendent dans une cuve octogonale (prof. $1^{m},40$; diam. $2^{m},20$) ; le fond de la cuve est garni d'un beau dallage en marbre blanc ; les côtés sont revêtus d'un stuccage épais peint en rouge. La croix grecque ainsi formée est inscrite dans un carré en maçonnerie de 6 mètres de côté aux quatre angles duquel s'élevaient, sur des socles isolés, quatre des piliers de granit rose dont il a été question. Rien ne permet de décider s'ils supportaient effectivement la toiture ou s'ils se dressaient seulement aux quatre points cardinaux, comme autant de cierges gigantesques. Sur chacun des massifs pentagonaux, séparés l'un de l'autre par les escaliers, deux colonnes taillées dans le même granit rosé semblent s'être dressées : leur fût, d'abord rond sur $0^{m},50$ (diam. $0^{m},70$), est coupé ensuite à huit pans. Elles portaient la toiture à 6 mètres au moins au-dessus du fond de la cuve baptismale. Une coupole s'arrondissait-elle au-dessus de la cuve ? Il ne reste malheureusement aucun indice qui permette de répondre à cette importante question. On peut seulement supposer qu'une petite voûte en encorbellement s'élevait au-dessus de chaque escalier. Une niche à décor en coquille, taillée dans un seul bloc de calcaire, qui s'est retrouvée tout auprès pouvait former le fond d'une pareille voûte.

De la Basilique, il ne reste que les arasements d'une abside, de 10 mètres de diamètre : la nef qui y aboutissait devait aller s'ouvrir au Sud sur la grande voie antique qui traversait le *téménos* d'Est en Ouest, immédiatement à l'Ouest d'un grand bâtiment rectangulaire qui a pu en être une dépendance [7] (d'autant plus que, pourvu de murs sur les autres faces, il est ouvert du côté de la Basilique. La Basilique a pu ainsi avoir jusqu'à 35 mètres de longueur. Mais, aucune portion de ses soubassements n'ayant été retrouvée, on est réduit, pour juger de son ampleur, à considérer le grand nombre des colonnes monolithes en granit rose qui jonchent le sol mêlées à leurs chapiteaux. Ces colonnes se rapportaient au moins à deux ordres : les colonnes plus trapues portant des chapiteaux de type dorique à large abaque carré ; les colonnes plus élancées qui se terminent par une double ou triple rangée de feuilles s'enroulant en légère volute. Sur une de ces colonnes, en lettres à fond rouge, est gravée l'invocation (1) :

ⲈⲒⲤ ⲐⲈⲞⲤ
Ⲟ ⲂⲞⲎⲐⲰⲚ
ⲠⲀⲦⲈⲢⲀ Ⲛ (?)

De l'édifice intermédiaire, grand rectangle allongé, je dirai seulement ici qu'il paraît postérieur, du moins dans son état actuel, au Baptistère auquel il tourne le dos. Dans ses fondations on trouve, en effet, réemployés, des tambours de colonne revêtus d'un stuccage identique à celui qui garnit la cuve baptismale. Rappelons aussi que c'est de montants à sa grande porte que servaient les deux piliers de Thotmès III transportés au Caire [1].

La porte que ces piliers encadraient s'ouvrait vers l'Ouest : de ce côté, une belle voie, flanquée au Sud d'un mur de soutènement qui longe l'abside, y donnait accès. Cette voie dallée paraît avoir été de niveau avec une cour qui s'étendait entre l'édifice rectangulaire et l'abside. Sous cette cour, nous avons mis au jour un réseau de murs de briques cuites formant des caves ou, plutôt, des silos à grain. Au Sud, ces greniers souterrains aboutissent à l'entrée en pierre d'une galerie voûtée : piédroits de 0m,70 fondés sur la glaise, ouverture de 2m,00, hauteur sous clef de 2m,15 [2]. Les énormes voussoirs dont est formé ce cintre

(1) Le groupe ⲠⲀⲦⲈⲢⲀⲚ cache un nom propre, tel que *Patermouthios*, fréquent dans les textes coptes, ou Paterné (Crum, *Ostraka*, n. 145), à moins que ce ne soit un accusatif barbare de πατήρ.

indiquent l'importance de la galerie à laquelle elle servait d'orifice ; malheureusement, celle-ci devait être construite en matériaux plus légers et il n'en est rien resté dans l'effondrement général. La ruine est sans doute contemporaine de celle de la Basilique sous laquelle la galerie paraît s'être engagée. Cette ruine est, on l'a vu. si complète qu'il faut supposer une destruction méthodique pour expliquer que rien ne subsiste des substructures elles-mêmes. Peut-être faut-il y voir l'œuvre des Arabes d'Amrou, quand ils se rendirent maîtres de la ville dont ce groupe d'édifices confirme qu'elle fut une des métropoles de l'Égypte chrétienne. A cette destruction méthodique d'autrefois, les marchands modernes ont malheureusement ajouté un pillage non moins méthodique des débris dont la destruction antique avait jonché le sol : c'est Kouft qui, presque autant que l'autre ville de Min, Akhmin (Panopolis), approvisionne depuis longtemps le commerce des antiquités en sculptures et en stèles coptes, et il est à craindre que la plupart des pièces de quelque valeur artistique aient ainsi disparu. N'ayant guère recueilli sur place que les deux dessus de portes carrées, monolithes, que j'ai déjà signalés, l'un à ornements végétaux stylisés, l'autre pourvu d'une tête grotesque, intermédiaire entre le Bès égyptien et la gargouille diabolique, j'ai été d'autant plus heureux de pouvoir acquérir au Caire —, d'où je vous expédie la fin de ce *Deuxième Rapport*. — dans un lot récemment arrivé de Koptos, trois stèles coptes appartenant à des types intéressants et les pierres sculptées constituant le cintre d'une porte avec les chapiteaux corinthiens qui le supportaient et l'un des pilastres que ces chapiteaux surmontaient. Le tout est très finement orné de rinceaux et de feuillages et, au bas du cintre, se détachent deux figures en très fort relief : d'un côté un ange jouant du tambourin, de l'autre un ange soufflant dans une flûte. Dans les nombreuses sculptures coptes qu'ont mises récemment au jour les fouilles de Baouît et celles de Saint-Jérémie-de-Sakkarah, il n'en est guère qui présentent une aussi frappante analogie avec les meilleurs produits de l'art roman.

Troisième Rapport
sur les Fouilles de Koptos.

Le Caire, 1er Avril.

Monsieur le Président,

Dans les deux précédents *Rapports* nous vous avons rendu compte de nos travaux dans le groupe dit des Églises de l'Ouest, dans celui que forment au Sud le temple de Nektanébo et ses dependances et dans celui qui, à mi-chemin, comprend le *naos* des piliers de Thotmès III avec les fondations et colonnades adjacentes. Ces trois groupes d'édifices, entourés sans doute chacun par un péribole particulier, n'embrassent qu'une partie du Sud-Ouest du champ de ruines. Ils ne formaient à l'origine qu'autant d'enclos ou de quartiers dans la ville sacrée. Le temple principal, qui devait écraser tous les autres de sa masse, s'élevait plus à l'Est, flanqué au Nord du lac sacré. Tel qu'il fut reconstruit en l'honneur de la triade Min-Isis-Horus par Senou-sher-sheps, majordome de la première Arsinoé que son mari Ptolémée II avait exilée à Koptos, tel qu'il fut embelli sous d'autres Lagides, notamment par Ptolémée XIII, tel, enfin, qu'il fut achevé par les premiers Césars, d'Auguste à Néron, ce temple énorme paraît avoir atteint les proportions de celui de Dendérah. La hauteur de la butte où ses ruines étaient enfouies attira aussitôt l'attention de Flinders Petrie quand il entreprit ses fouilles à Koptos en 1893-94. Bien qu'il ait fait porter presque tout son effort sur ce temple et ses dépendances pendant les trois mois que dura sa campagne, il ne put en déblayer toute la surface. Non seulement il reconnaît lui-même n'avoir vidé qu'en partie une grande *farissa* — si c'est bien comme telle qu'il faut considérer ce qu'il nomme le *great pit* — qui se serait trouvée au Sud du temple, mais bien des points sont demeurés obscurs dans l'histoire du monument, tant en ce qui touche aux dispositions du temple gréco-romain que pour ses rapports avec les trois sanctuaires antérieurs, celui de l'Ancien-Empire (IVe-VIe dynasties), celui du Moyen-Empire (XIIe-XIIIe dynasties), celui du Nouvel-Empire (XVIIIe-XIXe dynasties). Il restait donc beaucoup à faire sur ce site et nous avions songé un instant à nous y consacrer dès le début. Mais, si Petrie, par sa méthode des grandes tranchées parallèles, n'avait pu élucider bien des questions intéressantes, l'abondance de ses trouvailles rendait probable qu'il avait recueilli la plupart des antiquités importantes que la grande butte pouvait contenir. Limité à ce site, le travail eût donc été singulièrement ingrat pour ses successeurs ; il y avait plus de risques sans doute, mais plus de possibilités de découvertes aussi, à attaquer des points encore vierges. C'est, on l'a vu, ce que nous avons fait, sans avoir eu à le regretter. Mais nous nous promettions toujours de revenir au grand sanctuaire, si plein de problèmes à résoudre, et chacune de nos trouvailles nous y ramenait comme par un fait exprès. D'abord, c'étaient les stèles de Papi II qui rappelaient les deux représentations de ce roi que Petrie a trouvées dans son temple ; puis ce furent les reliefs de Senousrit I qui apparaissaient comme faisant partie du même ensemble que les pièces recueillies par le savant Anglais dans le même temple ; enfin, les piliers historiés de Thotmès III, semblant avoir été en même nombre qu'au temple de ce roi à Medinet Habou, venaient ajouter un nouvel intérêt à la restitution de son temple à Koptos.

Bien qu'il ne nous restât plus ni le temps ni les moyens de déblayer à nouveau la vaste surface explorée par Petrie, nous n'avons donc pas hésité, pendant les deux dernières semaines des fouilles, à employer une vingtaine d'hommes sur ce terrain. Quinze ans avaient suffi pour réensevelir presque complètement les découvertes de notre prédécesseur. Aussi s'agissait-il, avant tout, pour pouvoir se repérer, de remettre au jour les points principaux des édifices portés sur son plan. Employant la tranchée là où ils étaient restés presqu'à fleur de terre, — comme à la « façade ptolémaïque aux escaliers » et aux « soubassements surélevés sur le temple de Thotmès » — recourant aux sondages là où les déblais de la fouille antérieure avaient été accumulés jusqu'à 6 mètres au-dessus des fondations — comme dans toute la région qualifiée par Petrie de « great pit » il a été possible de retrouver en partie le pourtour de l'édifice et les témoins de quelques-uns de ses organes. Ces sondages et ces tranchées, bien qu'il ait fallu les arrêter au moment où ils commençaient à devenir intéressants, permettent de croire que la continuation de fouilles sur ce point ne serait pas sans résultats. En espérant qu'il nous sera donné d'en fournir la preuve dans une nouvelle campagne, je n'ajouterai ici quelques détails que sur deux édifices qui précédaient le grand temple et qui n'ont été vus que superficiellement par Flinders Petrie, dans les derniers jours de ses fouilles.

La façade du temple ptolémaïque présentait, en sa partie centrale, deux escaliers [20, 21] correspondant sans doute, celui du Sud, deux fois plus large, à la moitié du temple consacrée à Min, celui du Nord à la moitié consacrée à Isis (1). L'aire sur laquelle descendent ces deux escaliers a conservé son dallage ; elle devait former ainsi une cour mesurant une vingtaine de mètres entre les extrémités des escaliers et s'étendant vers l'Ouest jusqu'aux pylônes correspondant aux escaliers. Du Pylône de Min (*third pylon* de Petrie) ne subsistent que les arasements de la joue Sud [17] ; en face la joue Nord de l'autre pylône [16] a conservé des murs qui atteignent 2 mètres de haut. A la face interne de cette joue, on voit encore toute une procession de déesses à têtes de lionne que surmontait un registre montrant le roi sacrifiant aux dieux ; plus bas, sur le mur Sud, une procession de Nomes. Les cartouches conservés apprennent que l'édifice, achevé sous Claude, fut

(1) Nous réservons provisoirement la question du 3e escalier que nous n'avons pu retrouver tel que le décrit Petrie.

commencé par un Ptolémée. Rien ne permet malheureusement de déterminer lequel et l'on ne peut rien conclure non plus du seul fragment conservé de la dédicace grecque de ce *propylon*, en caractères superbes, relevés de rouge (hauts de 0m,14) (1) :

ὑπ ΕΡ ΒΑΣΙΛ έως Πτολεμαίου ..
τὸν ΠΡΟΠΥΛΩ να.......

A 50 mètres environ de la façade aux escaliers et parallèlement à cette façade s'étendait, long d'une trentaine de mètres, un pylône à double porte, chacune correspondant à l'un des pylônes précédents et s'ouvrant dans son axe [12-15]. La moins ruinée de ces entrées, celle du Sud, conserve partiellement le registre inférieur des sculptures dont elle devait être couverte; à la face interne du jambage Sud, deux portions en retrait sont ornées du motif bien connu du *noub* portant l'*ankh* flanqué de bras humains qui tiennent chacun un *ousir* ; les deux parties avançantes montrent la procession habituelle des dieux Nils. Sur ce registre paraît le nom de Néron, et l'inscription nous apprend que ce prince édifia des monuments dans la demeure de Min, le grand dieu « qui parcourt le monde dans la fougue torrentielle de son sexe. » A l'extrémité Nord, un cartouche de Caligula (*Kisa Caïus*) apparaît sur une assise de même appareil sous une forme nouvelle :

Ce n'est pas seulement ce pylône qui se trouve ainsi daté, mais tous les édifices construits avec le même appareil, si régulier, si bien jointoyé, si bien ravalé, qu'il se distingue du premier coup d'œil. C'est celui que j'ai déjà signalé dans la colonnade et dans le soubassement d'angle qui dépendent du temple des piliers de Thotmès III ; c'est celui que nous retrouverons

(1) Petrie, *Koptos*, pl. XXII. Le fragment est resté sur place.

dans la grande porte d'entrée du *téménos* (1) (en Grèce, on le qualifierait d'*hellénique isodome*).

Dans le double pylône même, cet appareil se distingue à première vue de celui dans lequel il a été englobé. Sans qu'on puisse déterminer si la cause en est l'inachèvement du pylône ou sa ruine, il est certain que, postérieurement à Néron, il subit au moins une grande transformation. Sans insister sur les indices de remaniements — notamment le réemploi d'un bloc portant la tête d'un Min qui atteste que le pylône avait été élevé au moins assez haut pour recevoir un premier registre de scènes cultuelles avec personnages plus grands que nature — je reproduis ci-dessous les deux incriptions grecques dont le réemploi atteste une reconstruction postérieure à Caracalla.

La première consiste en trois fragments massifs d'un tronc de colonne (hauteur, 2 mètres; diamètre, 0m,50) en marbre bleuté. Un autre fragment avait été trouvé par Petrie qui ne l'a donné qu'en *fac-simile*. Les quatre pièces réunies, on peut reconnaître qu'il s'agit d'une dédicace au *Protecteur de la ville, Zeus Soleil très grand Sarapis, l'ami de César* : Τὸν Πολ[ιέα Δία Ἥλ]ιον Μέγαν | Σαράπ[ιν τὸν Φι]λοκαίσαρα. L'auteur, Μ(ᾶρκος) Αὐρ(ήλιος) Αὐ[ρήλιος...... Δι]ονύσιος, paraît avoir rendu des services à la ville comme bouleute, puis comme hypogymnasiarque. Enfin la dédicace est datée par un Οὐαλέριος.... préfet d'Égypte qui, étant donnée la paléographie de l'inscription, semble avoir été Valerius Datus (216-217).

L'autre inscription a été trouvée réemployée au bas d'un mur reliant les deux jambages du pylône Sud et en fermant l'entrée. C'est la dédicace, en grandes lettres rouges, d'un monument ὑπὲρ [νίκης τοῦ κυρίου ἡμῶν Αὐτοκράτορος Καίσαρος Μ[άρκου Αὐρηλίου Σεουήρου | Ἀντωνίνου] Εὐτυχοῦς Εὐσεβοῦς Σεβάστου [καὶ Ἰουλίας Δόμνης (2) Σεβάστης μη[τρὸς ἀνει]κήτων στρατοπέδων. Comme c'est

(1) Deux blocs de plafond peint réemployés, l'un avec semis d'étoiles et texte astronomique, l'autre avec vautour solaire, peuvent aussi bien provenir d'un petit temple postérieur que du pylône, d'autant plus que les pièces appartenant certainement au pylône ne paraissent pas avoir été coloriées.

(2) Ces trois mots, pour lesquels il y a encore place sur l'épistyle, ont été martelés.

en fouillant ce pylône que Petrie a trouvé la tête colossale de Caracalla(1), on peut croire que notre inscription en l'honneur de cet empereur provient de la base de ce monument ou de l'édicule où il se trouvait. Caracalla séjourna en Égypte dans l'hiver 215-216 et c'est de juillet 216 que date l'autel élevé par les archers Palmyréniens en garnison à Koptos à leur dieu Hiérablous (2). Cinquante ans plus tard, ces Palmyréniens contribuaient sans doute à livrer Koptos à leurs compatriotes, les soldats d'Odénath et de Zénobie. C'est probablement alors que fut ruiné le monument de Caracalla, et, peut-être, dans le martelage du nom de Julia Domna sa mère, faut-il voir un trait de la jalousie de Zénobie.

C'est sans doute seulement sous Dioclétien que l'ancien pylône fut relevé de ses ruines et que la dédicace pour la victoire de Caracalla fut réemployée avec bien d'autres matériaux pour construire, semble-t-il, un petit temple à murs de briques crues sur socle de pierre. Un escalier de trois marches accédait de l'Est à la salle centrale [15]; au Nord, une grande table de libations, sans aucune ornementation, est restée en place, non loin d'un sphinx mutilé.

Ce double pylône s'ouvrait dans un mur de briques crues qui limitait à l'Ouest le *téménos* particulier au grand temple. A 30 mètres environ au Sud du double pylône, ce mur paraît avoir longé une chapelle qui s'ouvrait vers le Nord. La majeure partie n'en a pu encore être dégagée; elle est enfouie, à 3 ou 4 mètres de profondeur, sous le remblai de la route moderne, remblai sans doute formé des débris du mur antique. Mais on a pu reconnaître la façade avec un bel escalier de trois marches et des fragments de colonnes avec chapiteaux à décor végétal. Un petit autel en calcaire montre que la chapelle était consacrée à *Kronos* — le *Qeb* ou le *Shou* des Égyptiens — et qu'elle existait sous Domitien (3) :

(1) Publiée dans J. G. Milne, *History of Egypt under the Romans*, 1898, p. 71. Peut-être notre colosse inachevé (p. 3) était-il destiné à figurer Caracalla.

(2) Petrie, *Koptos*, p. 33, nº VI ; Milne, *op. cit.*, p. 79.

(3) Elle remontait à Tibère si l'on admet que c'est de là que venait la

ὑ]ΠΕΡΑΥΤΟΚΡΑ[τορος
Κ]ΑΙCΑΡΟC ΔΟΜΙ[τιάνου
Σ]ΕΒΑCΤΟΥ ΓΕΡΜ[ανικοῦ
Κρ]ΟΝΩΙ ΘΕΩΙΜ[εγίστωι
Κλ]ΑΥΔΙΑΙCΙΔΩ[ρα ὑπὲρ
σω]ΤΗΡΙΑC ΚΛΑΥ[δίας
Ἀ]ΛΕΞΑΝ[δρας τῆς ἀδελ
φ]ΗCΑΝΕΘΗΚ[εν
L... μ]ΗΝΟC ΚΑΙ[σαρείου
ἐ]ΠΑΓΟΜΕΝΩ[ν...

A 50 mètres environ du double pylône se dressaient deux jambages monolithes qui, surgissant d'un monceau de décombres, formaient un des points de repère du champ de fouilles. Ils appartiennent à cette catégorie de montants de porte en grès très dur, ornés de tableaux en si faible relief qu'on les dirait plutôt gravés, dont plusieurs spécimens se sont trouvés renversés dans les ruines : l'un de ceux-ci, on l'a dit, a été jugé digne d'être emporté (1). Hauts de 2m,20, les deux jambages restés debout portent chacun, sur la face Ouest, quatre scènes cultuelles : le roi devant les dieux — Min ou Amon, Horus ou Harpocrate, — et des déesses — Isis ou Nephtys, Hathor ou Sechmet. Quelques-uns des petits cartouches qui accompagnent ces scènes sont restés assez distincts pour qu'on puisse qualifier de *ptolémaïque* la porte que déterminaient les jambages ; mais on n'a pu distinguer sous quel *Ptulmis* ils avaient été érigés. A l'Ouest, chacun de ces jambages était précédé d'une sorte de corps de garde comprenant deux petites pièces. Ce qui reste de la superstructure montre les motifs ordinaires à la décoration de ces petits pylônes. Plus

dédicace déjà citée (p. 15 n.) faite le 5 juillet 32 à Κρόνωι θεῶι μεγίστωι par le *prostatis* d'Isis, Parthénios Paminéôs (*I. G. rom.*, 1172).

Dans notre inscription le mois de *Mesoré*, le 12e de l'année égyptienne (Août), est désigné sous son nom nouveau de *Kaisareios* (Wilcken, *Griechische Ostraka*, I, p. 810).

(1) Son poids énorme — 5 tonnes — a obligé de le laisser au Caire pour permettre d'emporter des pièces de plus grand intérêt.

curieux est un bloc d'angle de la corniche à gorgerin ; il prouve que cette corniche était stuquée et peinte, des faisceaux de palmettes séparant des cartouches. Dans ce bloc d'angle on ne distingue plus que les cartouches contenant, semble-t-il, les noms d'Isis et de son fils Horus ; mais il est d'un type si semblable à celui des pièces de corniche citées plus haut, où les palmettes encadrent les noms de Cléopâtre et de Césarion, qu'on inclinerait à attribuer cette porte au dernier des Lagides.

Du mur de briques crues dans lequel cette porte s'ouvrait, les *sebakhîn* n'ont laissé que des débris informes. Mais l'importance de la partie de ce mur qui aboutissait au jambage Sud est attestée par les fondations qui n'ont pu être découvertes que par une tranchée poussée à 5 mètres. Elles sont formées, en effet, de cinq assises de gros blocs rectangulaires aux faces à peine dégrossies ; des fondations de la même puissance se sont trouvées en dégageant vers l'Est le mur Est-Ouest auquel aboutissait le mur Nord-Sud partant du jambage ptolémaïque (long d'une vingtaine de mètres) ; à 20 mètres environ de sa rencontre avec ce mur Nord-Sud, le mur Est-Ouest s'arrêtait, formant un angle droit avec un nouveau mur Nord-Sud, parallèle au précédent, pourvu de fondations semblables et qui tournait bientôt à l'Ouest pour rejoindre le mur partant du jambage. Il ne fallut pas longtemps pour trouver l'explication de ce réseau de murs en briques crues reposant sur d'aussi énormes radiers.

Ces murs forment comme une sorte de grand bastion carré de 20 mètres environ de côté ; à l'angle Nord-Ouest s'élève la petite porte ptolémaïque [8] ; à l'angle Sud-Est s'est révélée la porte monumentale [9]. A 5 mètres l'un de l'autre et inclinés en talus, les deux massifs de pierres qui limitaient cette grande porte sont demeurés intacts ; sur deux assises de gros blocs non parementés s'élèvent deux assises de blocs aussi soigneusement parementés et appareillés que ceux du pylône de Néron et appartenant sans aucun doute à la même époque. Leur surface est aménagée de façon à former une sorte d'esplanade ; un dallage non moins soigné paraît s'étendre entre eux. Sur ce dallage s'est trouvé, gisant, un grand fragment de la herse de pierre qui devait fermer cette porte : tombé à quelques mètres plus loin, un énorme bloc rectangulaire, portant, sur une face, un disque flanqué des *uraeus*, semble avoir fait partie du linteau. On se trouve donc en présence, non d'un pylône d'apparat, mais d'une porte fortifiée. Sa position n'a rien qui puisse surprendre. Ce qui reparait du massif Sud de la porte au Sud de la route moderne qui passe par-dessus se rattache au grand mur de briques de direction Nord-Sud dont nous avons relevé l'alignement depuis le temple des piliers de Thotmès III jusqu'à celui de Nektanébo. C'est donc ce mur qui paraît avoir limité vers l'Ouest le sanctuaire principal, comme il bornait de ce côté les temples secondaires. La découverte de la grande porte fortifiée qui s'y ouvrait ne confirme pas seulement son importance ; il semble qu'il n'y ait qu'à suivre la voie dallée qui y passait pour retrouver l'artère centrale de la ville sacrée que ce mur protégeait. Ainsi, cette découverte, faite au dernier moment, prête comme une vie nouvelle au chaos de terres et de tessons amoncelés au milieu desquels nos travaux avaient commencé. On peut espérer voir ressusciter le plan de ce qui fut l'un des plus importants groupes de sanctuaires de l'Égypte.

* * *

Commencées le 17 janvier, les fouilles ont été arrêtées le 28 février. Le 6 mars, les emballages achevés, nous partions pour une excursion au désert oriental dont nous sommes revenus le 25. Bien que cette petite expédition n'ait pas été faite au compte de la *Société des Fouilles*, elle se rattache si étroitement aux fouilles de Koptos qu'il semble nécessaire d'en indiquer brièvement ici l'objet et les résultats.

Ce qui a fait, durant toute l'antiquité, l'importance de Koptos, c'est qu'elle se trouve à l'endroit où la boucle que le Nil dessine vers l'Est, entre Erment (Hermonthis) et Hou (Diospolis Parva), se rapproche le plus de la Mer Rouge. Elle n'est plus séparée de cette mer que par 150 kilomètres environ : il y a là un *isthme* naturel — le mot est employé par Strabon (p. 814) — qui a toujours été la voie la plus directe entre la vallée du Nil et les mers de l'Arabie, de la Perse et de l'Inde. Toute la fortune de Koptos est due à ce qu'elle est située à la tête de cette route isthmique. Après sa ruine par les Arabes, sa position a été prise par Kous, à 15 kilomètres plus au Sud, qui, sous le nom d'*Apollinopolis parva*, rivalisait déjà avec elle sous l'Empire romain ; à partir du xve siècle. Keneh, à 20 kilomètres plus au Nord, l'ancienne *Kaiнépolis* en face de Dendérah, s'est substituée à Kous. Ces petits déplacements de la tête de ligne n'avaient pas atteint l'importance de la ligne elle-même ; il a fallu le percement de l'isthme de Suez pour détourner de cette voie isthmique le commerce arabique qui semble l'avoir suivie depuis les débuts de l'histoire égyptienne.

Ce n'est pas seulement comme débouché de la grande route commerciale qui la traversait que la fortune de Koptos se lie pour ainsi dire au désert sur la lisière duquel elle s'élève. Ce désert contient des ressources minérales qui paraissent avoir été exploitées par les habitants de la vallée du Nil bien avant qu'ils ne se fussent aventurés sur la Mer Rouge. La principale chaîne qui s'élève, dans cette région, entre la vallée et la mer, n'est qu'une masse de granit rose : les granits gris, les diorites, les basaltes, les brèches vertes s'y enfoncent comme autant de coins ; enfin et surtout, à côté d'un peu d'hématite ferrugineuse, les quartz aurifères s'y rencontrent en filons assez nombreux ; ils devaient tenter de bonne heure la cupidité des hommes. Koptos a été, avant tout, le centre d'exploitation de cet or ; dans les revenus des Pharaons, « l'or du haut-pays de Kebtou » ou, simplement, « l'or de Kebtou » figure régulièrement à côté de l'or soudanais, « l'or de Koush la vile ».

Tandis que le commerce avec le pays de l'encens était resté si mal assuré au temps de la XVIIIe dynastie qu'on voit la reine Hatshopsitou obligée d'y envoyer une expédition militaire, — la fameuse « expédition de Pount » peinte à Deir el Bahri — tout comme le faisaient Sahoura de la Ve dynastie ou Montouhotep de la XIe dynastie, l'exploitation de l'or, elle, était devenue assez régulière pour qu'un fonctionnaire spécial, résidant à Koptos, en paraisse chargé sous les Ramessides. Mais, bien qu'on entende déjà parler d'aménagement de routes et de forage de puits lors de l'expédition bien connue du grand-trésorier Henou au Pount sous Montouhotep IV, bien que, dès le Moyen Empire, on voie nommer au débouché de ces routes sur la Mer Rouge les ports de Saou et de Daouou, il ne semble pas que ports et routes aient été l'objet d'une organisation véritable avant l'époque gréco-romaine. C'est aux Lagides que paraît revenir l'honneur du développement des trois ports où aboutissaient les routes partant de Koptos : Myos-Hormos au Nord et Bérénice au Sud ; entre eux, au débouché de la route isthmique directe, le Kocéïr actuel, sans doute l'antique Leukos Limén. Quant à l'organisation des routes, ici comme partout, elle a été l'œuvre des Romains.

Des trois grandes routes désertiques dont Koptos est la tête, la plus directe, celle qui se rend à Kocéïr, n'importe pas seulement à l'histoire économique et commerciale ; elle a été l'objet d'une hypothèse qui intéresse au plus haut point l'histoire même de la civilisation égyptienne. Bien que ce ne soit pas ici la place de la discuter, elle a trouvé une si rapide faveur qu'il est nécessaire d'en dire quelques mots. Aussi bien, les fouilles de Petrie à Koptos lui ont-elles fourni un de ses principaux arguments et l'espérance d'y apporter quelque lumière avait elle été un des motifs qui ont amené à les reprendre.

Si l'on croit que, seule, une population sémitique ou sémitisée a pu apporter en Égypte les éléments de la civilisation qui nous apparaît si développée dès les premières dynasties, il faut chercher une voie par laquelle cette population asiatique serait entrée en Égypte. Naguère, au temps où les Phéniciens passaient pour avoir été de toute antiquité les propagateurs d'une civilisation supérieure, leur position géographique, jointe peut-être à quelque souvenir de l'*Exode*, faisait penser que ces civilisateurs de l'Égypte auraient pris la voie de l'isthme de Suez. Depuis que le développement des connaissances sur la Chaldée et sur l'Assyrie a fait considérer la Mésopotamie, et non la Phénicie, comme le premier foyer de la civilisation, on s'est trouvé amené à placer au Sud de l'Arabie le centre de dispersion des tribus sémitiques, créatrices ou propagatrices de cette civilisation. Par ailleurs, on était arrivé à localiser dans cette même Arabie du Sud le pays de Pount que les Égyptiens semblent considérer comme celui de leurs dieux et, parfois, comme celui dont ils seraient eux-mêmes originaires. La similitude du nom du Pount avec celui des *Poeni* (Phéniciens) aidant, on est arrivé bientôt à s'imaginer que, tandis qu'un des groupes de ces Sémites de l'Arabie du Sud-Est allait conquérir les Sumériens de Mésopotamie, un autre groupe aurait remonté la Mer Rouge. De ce groupe, une partie aurait atteint la Syrie et donné son nom à la Phénicie ; l'autre, passant la Mer Rouge, aurait envahi l'Égypte et, unifiant sous sa domination les tribus jusque-là divisées de la vallée du Nil, aurait fondé le royaume d'Égypte sous la dynastie des rois issus d'Horus.

Si l'on a supposé que c'est par la route de Koçéïr à Koptos que les « Horiens » auraient envahi l'Égypte, c'est, d'abord et surtout, parce que, sur la carte, ce passage apparaît comme le plus direct entre la Mer Rouge et la vallée du Nil. On savait aussi que cet isthme était traversé par une route naturelle ; des inscriptions rupestres montraient qu'elle avait été pratiquée dès la plus haute antiquité ; la région où elle débouchait, entre Edfou et Dendérah, était celle où les légendes égyptiennes plaçaient les victoires décisives remportées par les « forgerons d'Horus » sur les fidèles de Set, le dieu d'Ombos qui fait face à Koptos à l'O. du Nil, et c'est à ces victoires que se rapportait la fondation de la plupart des grands temples de la région ; c'est dans cette région, si on l'étend au Nord jusqu'à Abydos et au Sud jusqu'à El-Kab, que se sont trouvés les monuments des plus anciennes dynasties en même temps que les principaux établissements prédynastiques. Enfin, Koptos elle-même a fourni à cette théorie un argument nouveau.

Sur le flanc Sud du grand temple, au niveau le plus bas, Flinders Petrie a mis au jour la meilleure partie de trois statues colossales de Mîn qui sont probablement les plus anciennes des statues connues. Le dieu était debout, les jambes serrées l'une contre l'autre, le bras gauche collé au corps tenant sans doute le fouet, la main droite autour du phallus. Sur les faces extérieures des jambes on distingue, en très faible relief, comme les deux pans d'une sorte de pagne tombant d'une forte ceinture. Sur ces pans, différents signes sont gravés : l'emblème de Min sous sa forme primitive — deux flèches doubles croisées au haut d'une poutre qu'une plume surmonte — un éléphant, un taureau, une autruche, une hyène, des poissons-scies et des *pterocerás*. Ces coquillages et ces poissons sont particuliers à la Mer Rouge et Petrie a conclu de leur présence que les auteurs des statues venaient de la Mer Rouge. Ce seraient ces gens du Pount que les Égyptiens ne paraissent pas avoir considérés comme des étrangers et qui, à Deir el Bahri, présentent, en effet, un type si analogue au leur : de la hutte du Pount, telle qu'elle est représentée sur ces peintures, Petrie a rapproché celle qu'on figure parfois derrière les effigies de Min.

Dans cet ensemble de faits qui, étudiés séparément, auraient pu mener à des résultats tout autres, on a voulu voir autant de confirmations de l'arrivée par le désert oriental des fondateurs de l'Égypte pharaonique. Cette arrivée, il ne faut pas l'oublier, devait être admise *a priori* par tous les partisans de la théorie, si fort en vogue aujourd'hui, qui veut que ce soit de Babylone que l'Égypte, comme toutes les civilisations antiques, ait *dû* tirer les éléments de sa culture. Une fois cette théorie admise et une fois le centre de dispersion des Sémites placé dans l'Arabie du Sud-Est, il était inévitable qu'on fût amené à faire passer ceux d'entre eux qui auraient fondé l'Égypte pharaonique par cette route isthmique, aussi facile que directe, qui peut mener des piétons en trois jours de la Mer Rouge à la vallée du Nil. De là, l'extraordinaire fortune de cette théorie de « l'arrivée des Horiens par l'ouady Hamamat », nom dû à ce que le défilé de cet ouady, que la route de Koptos à Koçéïr emprunte sur une quinzaine de kilomètres, est, par la masse de ses inscriptions rupestres, le point le plus connu de la voie isthmique.

On voit quel intérêt particulier s'attache à la route directe de Koptos à Koçéïr. Ajoutons que, si elle est encore relativement la plus fréquentée des pistes du désert, elle n'a jamais été explorée scientifiquement dans son ensemble. De Wilkinson et de Nestor L'Hôte, on ne connaît — et encore par l'intermédiaire de Letronne — que des copies d'inscriptions du Hamamat : l'œuvre épigraphique, accomplie par Lepsius en cinq jours, reste prodigieuse ; mais la publication de ses beaux *fac-similé* dans les *Denkmaeler* n'a été accompagnée d'aucun commentaire ; Golénischeff, qui a exploré avec tant de soin la route de Bérénice, n'a fait que prendre quelques notes, surtout épigraphiques, sur celle de Kocéïr ; plus récemment, Green et Weigall ont montré qu'il restait encore bien des inscriptions rupestres à relever ; mais, eux non plus, ils n'ont pas cherché à en faire une exploration systématique.

C'est à celle-ci que nous avons consacré la première moitié de notre excursion au désert ; en remontant ensuite la Mer Rouge de Kocéïr à l'embouchure du Ouady Gazous nous avons recherché les traces de la route côtière qu'Hadrien, au témoignage d'une inscription, y fit aménager ; en dernier lieu, du port du Ouady Gazous, déjà connu sous le nom de Saou au temps de la XIIe dynastie, nous sommes redescendus sur Koptos en suivant les routes secondaires qui relient entre elles une série d'exploitations minières.

Les observations qu'on a pu faire seront publiées ailleurs dans tout leur détail(1). Il n'y a lieu ici qu'à indiquer ceux des résultats qui intéressent le plus directement l'histoire de Koptos.

Pour l'époque prédynastique, à laquelle les statues colossales de Mîn reporteraient selon l'opinion générale, un certain nombre de *graffiti* fournissent des parallèles instructifs. La date de ces *graffiti* résulte de la présence d'autruches et de girafes, de mouflons et d'ibex, animaux qui ne tardèrent pas à disparaître de Haute-Égypte sous les premières dynasties, tandis qu'ils abondent sur les vases peints trouvés dans les nécropoles prédynastiques. Les fameux bateaux dont on a tant discuté la signification sur ces mêmes vases se retrouvent dans les *graffiti* : une fois au moins, à Abou-Koueh, dans l'es-

(1) Elles formeront un prochain fascicule des *Mémoires de l'Institut Égyptien* ; tout ce qui intéresse l'épigraphie grecque sera publié dans la première série de mes *Voyageurs et Pèlerins dans l'Égypte gréco-romaine*, imprimée dans le *Bulletin de la Société Archéologique d'Alexandrie* de 1910, n° 13 et n° 14.

pèce de *naos* primitif qu'ils portent, on distingue nettement Min ithyphallique et flabellifère. Les taureaux qui paissent sur les rochers du Kasr-el-Banat, les autruches qu'on chasse à Hamamat et à El-Beïda rappellent singulièrement les animaux semblables gravés sur les statues de Min ; l'arc et le lasso dont paraissent pourvus les chasseurs ne diffèrent pas de ceux que l'on voit sur les vases de Nagada ou sur la fameuse palette dite *de la chasse au lion* où les chasseurs marchent précédés d'une enseigne de Min figurée exactement comme sur ses statues de Koptos.

Pourtant, aucune trace de station préhistorique n'apparaît au pied des rochers chargés de ces *graffiti*, tandis que les silex sont nombreux à la lisière du désert qui avoisine Koptos là où, jadis comme aujourd'hui, devaient s'établir les nomades : aussi doit on admettre, semble-t-il, que ces gravures préhistoriques sont l'œuvre des nomades qui, dès lors, devaient errer librement dans le désert entre Koptos et la Mer Rouge. Comme Min, le protecteur de Koptos, paraît être un dieu de la fécondité agraire, il n'est guère vraisemblable qu'il ait pris naissance au désert. S'il s'y est répandu au point de devenir le dieu du désert, qu'on invoque à tous les carrefours et à toutes les sources, c'est peut-être la meilleure preuve de l'antique attraction exercée par Koptos, centre de son culte, sur les populations du désert. Or, Koptos se trouve à peu près au cœur de la région où, d'Abydos à Edfou, les établissements préhistoriques s'étendent sur la rive gauche du Nil. Ne sont-ce pas les populations de ces établissements qui, déjà, auraient fondé Koptos comme tête de ligne de cette route de l'or qui valut à Ombos, en face de Koptos, son nom primitif de *Noubi*, la « dorée » ? Bientôt, Koptos paraît être devenue le centre de tous ceux d'entre les nomades de la rive droite qui devenaient sédentaires et l'on peut se demander si ce ne sont pas les *totems* des différentes tribus qui sont groupées autour du fétiche de Min, leur dieu commun, sur ses statues primitives à Koptos. A l'époque gréco-romaine encore, on voit ces tribus divisées en *Ichthyophages*, vivant de poisson sur le bord de la mer et habitant les grottes qui leur valaient le nom de *Troglodytes*, et en *Agriophages*, nomades de l'intérieur vivant du produit de la chasse. Ne peut-on attribuer aux premiers les poissons-scie et les *ptero-ceras*, aux seconds les autres animaux gravés sur les statues de Min ?

Sur leurs affinités ethniques une faible lumière pourra être jetée par une petite stèle de Kocéïr, dédiée, en l'an 25 d'Auguste, à la grande déesse Isis Ταμεττομε. Cette terminaison en *ome*, qui n'a rien d'égyptien, se retrouve fréquemment en Nubie. Si l'on considère les Nubiens comme des Hamites pénétrés de plus en plus par les nègres Koushites, on pourrait y voir un indice de plus à ajouter à tous ceux qui rattachent la population du désert, comme le fond même de la population de la vallée du Nil, à ce groupe hamitique du Nord-Est de l'Afrique dont les Bégas et Bisharas sont les représentants actuels au Sud du même désert. A en croire les *graffiti* sémitiques du désert, l'infiltration arabe, qui les a refoulés au Sud, n'aurait commencé à devenir sensible dans cette région qu'au IIe siècle de notre ère.

Si Koptos était ainsi, dès l'époque prédynastique, comme la capitale de ce qu'on devait appeler plus tard « le haut-pays de Koptos », on ne saurait y voir une création des Horiens, une de leurs « *mesniou* » à la façon d'Edfou ou de Dendérah. Le graffite de la Ire dynastie, découvert par Weigall à Hamamat, y apparaît comme la suite naturelle de ceux des chasseurs prédynastiques. Dès la IVe dynastie le temple de Min florissait à Koptos comme l'atteste un vase rituel au nom de Chéops qui y a été trouvé. Mais il faut descendre à la Ve et à la VIe dynastie pour que la route de Koptos s'ouvre régulièrement aux pierres dures et à l'or des carrières et des mines ainsi qu'aux bois précieux et aux parfums du Pount. Or, les grandes stèles que nous avons découvertes laissent entrevoir quelle était, à cette époque, l'importance de Koptos. Expéditions et exploitations n'ont repris leur activité que sous la XIe et la XIIe dynastie, à en croire les inscriptions de Hamamat, et l'on a vu quels imposants vestiges de cette époque Koptos a déjà révélés. On peut se demander si ce n'est pas des granits roses du Garahish plutôt que de ceux d'Assouan que proviennent les jambages de Senousrit et les piliers de Tothmès : dans la tombe du ministre des finances et surintendant des constructions de Tothmès III à Thèbes on voit précisément l'or apporté par « le commandant des *Mazoi* de Koptos et le surintendant du pays de l'or de Koptos ».

En tout cas, c'est sous le Nouvel Empire que cette exploitation minière ainsi que le commerce arabique reçoivent une organisation régulière dont le chef réside à Koptos. C'est cette organisation, sans doute, qui s'est survécue jusqu'à la conquête grecque et a servi de modèle à celle des Lagides. Des ex-voto à Min comme ceux de Psammétique I et de Piankhi, que nous avons pu relever plus complètement que Schweinfurth à la tête du Ouady Gazous, des cartouches comme celui de Xerxès que nous avons trouvé au Bir Ouassif, des tableaux où figurent Nektanébo et Amyrtaios comme ceux de Hamamat, attestent que les travaux n'avaient pas été interrompus depuis le temps des Ramessides jusqu'à celui des Lagides. Ceux-ci les reprirent ou les continuèrent, y employant les condamnés de droit commun. Peut-être est-ce à la surveillance dont ceux-ci étaient l'objet qu'est due l'absence de tout graffite qu'on puisse leur attribuer. Mais pourquoi leurs gardiens n'auraient-ils pas écrit leurs noms ? De fait, à l'exception d'une inscription datée de Ptolémée III à Fawakhir et de son cartouche gravé dans la même localité sur une colonne d'un petit temple qui paraît n'avoir jamais été achevé, nous n'avons retrouvé dans cette région aucune trace certaine d'exploitation ptolémaïque et les textes ne mentionnent, pour l'organisation des ports de la Mer Rouge, que Ptolémée II et Ptolémée III. On se rappelle que c'est au premier de ces princes qu'est due, à Koptos, la reconstruction du temple des piliers de Tothmès et du grand temple qui ne fut repris que sous Ptolémée XIII.

Ce phénomène ne doit-il pas être attribué à ces révoltes qui, depuis le jour où elles obligèrent Ptolémée III — sa statue a été trouvée à Koptos — à revenir en hâte de ses conquêtes asiatiques, en 243, ne cessèrent plus de désoler la Thébaïde ? De plus, depuis que Ptolémée II eut fondé Bérénice pour en faire l'entrepôt du commerce des mers Arabique et Indienne, et, plus au Sud, Philotéra Théras, pour en faire le centre de la chasse aux éléphants, c'est à l'organisation de la route partant de Koptos vers le Sud-Est que paraissent s'être bornés les efforts des Lagides. Tandis que la surveillance en était confiée à des postes militaires fixes, celle de l'isthme restait si peu assurée qu'on voit, en 150, un des chefs des gardes du corps chargé de veiller en personne à la sécurité du transport des pierres précieuses et des parfums d'Arabie à travers « la montagne au-dessus de Koptos » (1).

Sous Ptolémée XIII, qui, la Thébaïde pacifiée, reprit la construction du grand temple de Koptos, on apprend que la haute surveillance du commerce de la Mer Rouge et de l'Océan Indien était confiée à l'épistratège de la Thébaïde qui résidait à Thèbes dont il était stratège. La réunion de cette stratégie et de cette épistratégie n'a pas été constatée jusqu'ici avant Ptolémée X. Il sera donc prudent de ne pas faire remonter plus haut que ce prince la dédicace trouvée à Koptos où figurent, côte à côte, — peut-être parce qu'ils sont frères, — un épistratège et stratège et un préfet des deux mers :

Ἴσιδι θεᾶι με]γίστηι Ἀπολλόδωρος ὁ συ[γγενὴς καὶ | ἐπιστράτηγος ?] καὶ στρατηγὸς τοῦ Διοπολίτου καὶ | ....αὐτοῦ ἀδε]λφὸς ὁ συγγενὴς καὶ στρατηγὸς καὶ ἐπὶ τῆς | Ἐρυθρᾶς καὶ Ἰνδικ]ῆς θαλάσσης. L ιή (= an 18).

Comme, en l'an 18 de Ptolémée XIII et de nouveau dans son an 30 (62 et 51), des inscriptions nous montrent les deux fonctions de vice-roi de la Thébaïde et de préfet des deux mers unies en la personne du « parent royal » Kallimachos (2), il paraît nécessaire de placer cette nouvelle inscription d'un an 18 sous le règne précédent, celui de Ptolémée X, au delà duquel on a vu qu'il est préférable de ne pas remonter (3). En 97, les deux fonctions, réunies en 62, auraient donc encore été séparées. Mais, qu'elles fussent réunies ou séparées, il y avait probable-

(1) Dittenberger, *Or. gr. inscr. sel.*, 132.

(2) Dittenberger, *op. cit.* 186 et 190.

(3) On pourrait aussi penser à Ptolémée VIII (146-116) s'il était certain qu'on doive dater de son règne le Boëthos συγγενὴς καὶ ἐπιστράτηγος καὶ στρατηγὸς τῆς Θηβαΐδος (Revillout, *Mélanges*, p. 332). Quant au nome Diopolite, il doit être l'équivalent du nome Περιθήβας, dont la première mention paraît dater de Ptolémée VI.

ment un gouverneur de toute la région maritime ; Bérénice en étant la ville principale, son nom s'était étendu à toute cette chaîne côtière et le gouverneur portait sans doute déjà le titre qu'on retrouvera sous l'Empire romain : ἔπαρχος ὄρους Βερενίκης.

Les guerres civiles qui remplissent les derniers temps de l'histoire des Lagides durent porter un coup sensible au commerce arabique. Ne voit-on pas les nomades du désert s'enhardir jusqu'à brûler la flotte sur laquelle Cléopâtre espérait aller chercher refuge dans les possessions égyptiennes du Sud de la mer Rouge ? En même temps, les Nubiens envahissaient la Haute-Égypte, favorisés par les villes révoltées de la Thébaïde. Cornelius Gallus, le premier préfet de l'Égypte romaine, dut prendre d'assaut Koptos et Contra-Koptos ainsi que Thèbes (an 28 av. J.-C.). Celle-ci ne fut pas relevée de ses ruines : Koptos, au contraire, paraît avoir été l'objet d'une restauration systématique. Une petite chapelle qui s'élève au Sud du Grand Temple est peut-être le seul édifice de Haute-Égypte qui ait été entièrement édifié sous le règne d'Auguste ; ce prince acheva, de plus, le Temple du Sud, et l'on a vu que c'est sous ses quatre successeurs, Tibère, Caligula, Claude et Néron, que la plupart des édifices de Koptos furent construits ou reconstruits dans l'état qui devait être définitif. Le succès des efforts d'Auguste est attesté par le témoignage de Strabon qui voyageait en Égypte vers les années 25-20 av. J.-C. Tandis qu'il ne trouve à Thèbes qu'une bourgade au milieu de ruines gigantesques, Koptos lui apparaît au comble de sa prospérité. Cette prospérité, elle le doit si bien au commerce de l'Arabie qu'il n'hésite pas à la qualifier de « ville commune aux Égyptiens et aux Arabes .... « aujourd'hui, en effet, ajoute-il, c'est à Koptos que passe tout le transit de l'Inde, tout celui de l'Arabie et toute la partie de celui de l'Éthiopie qui emprunte le golfe arabique (Mer Rouge) ; de la totalité de ce transit c'est Koptos qui est l'entrepôt (ἐμπόριον) » (XVII, 45, p. 814).

Les faits observés dans le désert apportent une précieuse confirmation aux dires du géographe. La seule inscription connue de Lakeita — le Phoinikon où la route de Bérénice quittait celle de Koptos à Kocéïr — est datée du règne de Claude. La seule inscription connue de Kocéïr est datée de l'an 25 d'Auguste (2/3 ap.). Sur 125 textes grecs relevés à Hamamat, 12 portent des années régnales : une appartient à la dernière année d'Auguste (février 14) ; six sont du règne de Tibère (octobre 18 ; avril 20 ; juillet 27 ; juin 30) ; une est de Caligula (40/41) ; deux de Néron (65/6) ; une de Titus (79/80) ; deux de Domitien (juin 91). Du règne de Domitien, dans la même année 90-91, on connaît à Koptos, outre la dédicace à Kronos reproduite plus haut, l'inscription qui commémore la construction d'un grand pont sur le canal et la liste des droits à percevoir par le fisc à l'entrée de la route de Kocéïr, bien connue sous le nom de « tarif de Koptos ».

De ces dates on pourrait induire que c'est à Auguste que remonte l'organisation routière et minière du désert oriental. La preuve en est fournie par une longue inscription trouvée dans l'établissement que les chercheurs d'or avaient aménagé près du poste militaire du Ouady Semneh. Le 7 juin de l'an 10, ils dédient une chapelle de Mîn « Publius Juventius Rufus, tribun de la *Legio III*[a], étant préfet de Bérénice et *archimétallarque* du Zmaragdos, du Bazios et du Margaritos et de toutes les mines d'Égypte ». Le même personnage reparaît à Hamamat, revêtu des mêmes titres, le 2 octobre 18. Comme les postes romains de toute la région entre Koptos et Kocéïr présentent une frappante similitude dans leurs dispositions, c'est à Auguste et à Tibère que l'on inclinera à en faire remonter la construction.

Comment s'expliquer que ces deux empereurs, dispensateurs si prudents des forces de la Rome impériale, aient entrepris une tâche en apparence si ingrate ? Les grandes dépenses que nécessitait l'organisation de l'Empire les obligeaient à ne s'engager dans aucune entreprise inutile, mais, par là même, elles les obligeaient aussi à ne négliger aucune chance d'augmenter sa richesse en trouvant des minerais aurifères. C'est pour cette raison qu'ils paraissent s'être empressés de reprendre l'exploitation des mines pharaoniques et d'en ouvrir d'autres. Ils devaient être d'autant plus empressés à cet égard que le revenu des mines rentrait directement dans leur trésor privé ; ce sont toujours des affranchis impériaux que nous trouvons à la tête des exploitations minières de l'Égypte. Aussi ne doit-on pas s'étonner, en parcourant cette région du désert, d'y trouver partout les traces d'une prospection active : on s'y imagine aisément une « fièvre de l'or » comme celle qui, née de la vue de ces vestiges antiques, a sévi dans la même région il y a quelques années. Les Romains, d'ailleurs, ne paraissent pas avoir trouvé l'exploitation de « l'or de Koptos » beaucoup plus rémunératrice qu'elle ne l'a été pour leurs successeurs modernes ; les établissements purement aurifères, comme ceux du Ouady Semneh et du Ouady Djidami, ne semblent pas avoir eu une bien longue durée. S'il en fut autrement à Hamamât et à Fawakhir, c'est que l'exploitation des pierres dures s'y était jointe à celle de l'or.

Plus sûres étaient les ressources que devait rapporter à l'Égypte et à l'Empire le développement du commerce avec l'Orient arabique et indien. Ce n'est pas ici le lieu d'en retracer l'histoire ; mais il faut rappeler que les contemporains d'Auguste avaient conçu une telle idée des richesses de l'Arabie que le troisième préfet d'Égypte, Aelius Gallus, fut envoyé pour la conquérir. C'est peut-être pour faciliter son ravitaillement qu'auraient été entrepris les travaux des stations militaires des routes menant de Koptos à Koçéïr et à Bérénice. Après son échec devant la capitale des Sabéens, c'est à Koptos que Gallus alla rejoindre la vallée du Nil ; on a vu ce qu'en écrit Strabon qui accompagnait Gallus. Il est vraisemblable qu'une revanche fut longtemps méditée et qu'elle fit activer les travaux de ces postes. Le quartier général de la *legio III Cyrenaïca* fut établi à Koptos. Vers la fin du règne d'Auguste une inscription montre ses soldats remettant en état la route qui menait de Koptos à Bérénice (1). C'est un de ses centurions qui surveille la construction du pont du canal sous Domitien (2) ; c'est un de ses tribuns que nous avons vu *archimétallarque* sous Auguste et

(1) *C. I. L.*, III, 6627 ; Dessau, 2483.
(2) *C. I. L.*, XIII, 13580.

nous avons encore recueilli à Koptos un cippe en grès rouge d'un de ses soldats (1) :

T. MESSIVS
T. F. MILES
LEG III CYRE

C'est probablement cette légion qui fournissait d'infanterie les garnisons des postes du désert, avec les cavaliers et les troupes légères des *alae* et *cohortes* qu'une inscription de Koptos énumère en 83 (2). Lors même, en effet, qu'on eut renoncé à la conquête de l'Arabie, ces postes n'en restaient pas moins nécessaires pour assurer la sécurité de la route, veiller au bon état des puits et des citernes, fournir les caravanes d'abris et de relais. Sur la route de Koptos à Kocéïr nous avons pu reconnaître douze de ces postes, à trois heures de distance les uns des autres en moyenne ; ils permettaient aux caravanes d'aller aisément en trois jours de la Mer Rouge à la vallée du Nil et aux courriers de faire le trajet en une trentaine d'heures. Pour subvenir à l'entretien des postes et des routes, une taxe spéciale était levée sur les voyageurs qui entraient dans le désert, soit par Bérénice, soit par Koptos. Il semblerait même que les deux villes aient été incluses dans une même circonscription militaire et financière ainsi que tout le désert compris entre elles, puisque nous trouvons des inscriptions de Koptos datées à la fois par le préfet d'Égypte et par le « préfet de la montagne de Bérénice ». Cet ἔπαρχος ὄρους Βερενίκης est parfois désigné sous le titre développé : *praefectus praesidiorum et montis Beronices*, parfois sous le titre plus abrégé d'ἐπίτροπος ὄρους ou de *praefectus Berenices*. La plus connue de ces inscriptions est le fameux tarif de Koptos (3) où sont consignés les droits qui devront être payés au bureau de l'Arabarchie séant à Koptos pour

(1) Un T. Messius, qui présente la même particularité de n'avoir pas de *cognomen*, est connu à Amiens, *C. I. L.*, XIII, 3490.
(2) *C. I. L.*, III, const. vet. XV ; Dessau, 1990.
(3) Petrie, *Koptos*, pl. XXVII ; Dittenberger, *op. cit.*, 674

certaines catégories de voyageurs ou d'objets. Ce sont sans doute celles qui, en traversant le désert, bénéficiaient de la protection spéciale des postes militaires. Quand on a vu combien ces postes étaient rapprochés, on se trouve obligé de repousser l'explication généralement admise, aux termes de laquelle les droits seraient destinés à défrayer l'escorte militaire accompagnant ces voyageurs ou ces articles. Le nombre des postes et leur proximité paraissent, en effet, rendre inutile une semblable escorte. D'ailleurs, des pelotons de cavalerie étaient préférables à des détachements de fantassins pour faire la police du désert. Hadrien parait l'avoir compris, peut-être à la suite de cette révolte des Agriophages qui, ainsi que l'apprend une inscription trouvée en 1905 (1), fut réprimée par Sulpicius Serenus sous son règne. C'est en 116 qu'un corps de cavalerie gauloise, l'*ala Vocontiorum*, apparaît pour la première fois cantonnée dans cette région ; une de ses turmes occupe alors le *Mons Porphyrites* ; en 134, un papyrus montre son quartier général établi à Koptos ; en 165, un de ses *duplicarii* offre une dédicace à Contra-Koptos. Aussi est-ce entre ces dates que je placerais l'inscription du cavalier gaulois Didas que j'ai relevée à El Moueh : *Dida Damanai filius, nationi Volques*, *eques alae Vocontiorum, turma Amaturi armatum feci stationi meses quinque Pro salutem imperatore* (sic) *feliciter*.

C'est aussi, sans doute, à la fois pour faciliter le trafic et pour protéger le désert contre les pirates arabes qu'Hadrien fit construire une nouvelle route qui, partant d'Antinooupolis, gagnait apparemment la mer à Myos Hormos et suivait le littoral jusqu'à Bérénice. De cette route « munie de puits abondants, de relais et de forts » (2) j'ai déjà signalé que nous avions retrouvé les traces entre Koçéïr et l'embouchoure du Gazous. Peut-être quelques-uns de ces postes reçurent ils, comme garnison, de ces *sagittarii Hadriani Palmyreni* dont nous savons qu'un détachement était cantonné à Koptos sous Caracalla : peut-être aussi peut-on leur attribuer certains des *graffiti* araméens

(1) Par Seymour de Ricci, *C.-R. Ac. Inscr.*, 1905.
(2) Voir l'inscription qui nous la fait connaître *IG Rom.* 1142.

qu'on a pu relever dans cette partie du désert. On sait que lorsque les Palmyréniens de Zénobie envahirent l'Égypte de concert avec les Blemmyes — peuplade apparentée aux Bégas et Barabras d'aujourd'hui — Koptos devint une de leurs places de guerre et l'on a supposé qu'une partie de sa ruine était due aux sièges qu'elle subit alors. Bien qu'elle fut reprise par Probus, le désert resta aux mains des Blemmyes et, loin de redevenir la tête des voies commerciales du désert, Koptos fut transformée en place forte destinée à protéger la vallée du Nil contre les Blemmyes. Peut-être ne faisait-elle ainsi que reprendre le rôle qu'elle avait joué, sous les premières dynasties, contre les nomades ancêtres des Blemmyes. En tout cas, c'est sans doute grâce à sa forte garnison que, lorsqu'elle fut devenue une des métropoles de l'Égypte chrétienne, quelques moines coptes purent s'établir dans le désert où l'on retrouve leurs traces dans certains anciens établissements romains, tels que ceux de l'Ouady Semneh et de l'Ouady Gareya. Mais le rôle de Koptos comme entrepôt du commerce entre l'Égypte et l'Arabie était bien fini, le jour où un Égyptien grécisé inscrivait, devant le fortin ruiné de Kasr-el-Banat, ce que je crois pouvoir lire : **ΑΜΡȣΟΥ ΚΑΙϹΑΡΟϹ**. Sa basilique où l'invocation citée (p. 26) semble attester l'ardeur de la foi monophysite, doit avoir été rasée alors ; nombre de ses colonnes furent transportées à la mosquée par les Arabes du *César Amrou ;* tous les soldats de l'Empire avaient disparu devant lui et l'on devait si bien oublier ce titre de *César*, qui désignait alors tout naturellement pour les Égyptiens leur maître, que c'est de *Sultan Bounaberdi* qu'ils salueront celui dont les soldats devaient rouvrir cette route de Koptos à Koçéir qu'aucun militaire venu de Gaule n'avait sans doute parcourue depuis leur ancêtre, le Volk Didas! Mais, quoiqu'ils fissent, Koptos avait perdu pour toujours le rôle d'*emporium* du désert arabique qui avait fait sa fortune : seule, une exploration suivie peut lui rendre quelque chose du renom et de la splendeur qu'elle lui dut.

Adolphe J.-Reinach.

LÉGENDE DU PLAN

Ce plan général, dressé par le Cne R. Weill, résulte de la réduction au $\frac{1}{1000}$ des plans particuliers des édifices levés au $\frac{1}{100}$, et de l'insertion de ces plans partiels dans un canevas général à la planchette.

Églises de l'Ouest.

1. Abside de la grande église.
2. Caves en briques.
3. Tête de voûte en pierre de taille dans les caves } (v. pl. VI).
4. Porte d'entrée.
5. Baptistère.
6. Grand pilier de granit debout. } (v. pl. V).
7. Montant de pierre debout à l'angle de deux murs en blocs sculptés réemployés (v. pl. VI).

Parties reconnues du grand temple.

8. Entrée monumentale d'époque ptolémaïque et romaine, comprenant pylône et corps de garde en pierre, porte en pierre enchâssée dans le mur de briques et grand passage entre maçonneries massives de briques (v. pl. VII ; fouille inachevée).
9. Grande porte d'époque romaine, fondée sur socles de pierre de grand appareil. Fouille inachevée.
10. Angle Nord-Ouest du péribole.
11. Grande butte de décombres dans l'angle de l'enceinte. } (v. pl. VII).
12. Vestiges d'un pylône d'époque romaine (Caligula), dans l'alignement de l'entrée 8.
13. Vestiges d'un pylône d'epoque romaine (antérieur à Néron), dans l'alignement de l'entrée 9 : détruit de bonne heure et recouvert par un système de chambres en briques et blocs de pierre.
14. Avant-pylône de Néron, accolé à la façade du pylône 13 ; transformé en chambre fermée à l'époque des destructions et travaux postérieurs sur l'emplacement de 13 : cette époque est postérieure à Caracalla

comme l'atteste l'inscription en son honneur qui a été trouvée réemployée dans le mur de clôture.

15. Constructions tardives en blocs de pierre et massifs de briques, avec escalier, sur l'emplacement du mur détruit qui joignait les pylônes 12 et 13.
16. Pylône d'époque ptolémaïque et romaine (Claude), dans l'alignement de la voie 8-12 : corps de garde en pierre en avant : 1er registre de sculptures conservé (fouille inachevée, les organes de droite sont encore sous les décombres).
17. Arasements d'un pylône dans l'alignement de la voie 9-13.
18. Parvis bas, au niveau du dallage des pylônes et de l'avenue 19.
19. Avenue de colonnes dans l'alignement de la voie 8-12-16, remontant à l'époque thébaine : dallage au niveau de celui des pylônes en avant (fouille inachevée). Les entrecolonnements ont été aménagés, à l'époque ptolémaïque, en mur de soutènement pour la terrasse 22.
20. Grand escalier dans l'axe du passage 9 13-17, accédant du parvis bas 18 à la terrasse 22 (v. pl. VIII).
21. Petit escalier médian, de même fonction que le précédent.
22. Terrasse, à 1m,30 au-dessus du parvis bas 18, limitée par le mur d'entrecolonnements de 19 et un mur droit dans la ligne des escaliers.
23. Grands vestiges de dallage au niveau de la crête de la terrasse 22 : plusieurs lits de blocs de pierre, reposant sur un dallage antérieur au niveau du dallage mentionné à propos de 18, 19 et 22.
24. Colonnes et dallage d'un édifice d'époque romaine tardive ; le dallage est à 1m,20 au-dessus du dallage gréco-romain 22-23, et à 2m,50 au-dessus du dallage antique 18-19.

Édifices du centre.

25. Avenues de blocs de pierre en relation avec le radier de pierre auquel elles aboutissent à l'extrémité Ouest et qui sert de fondation aux massifs de briques 26. Époque romaine. — A la base des blocs de l'avenue Nord, sur sa face extérieure (Nord), ont été trouvées les grandes stèles de l'Ancien Empire.
26. Grands massifs de briques construits en partie sur la fondation 25, en partie en dehors. Le *mur à rainure*, situé en plan dans l'intervalle des deux avenues de blocs de 25, fait partie de cet ensemble et s'appuie sur la grosse maçonnerie à laquelle il aboutit à l'Ouest.
27. Chambre haute d'époque romaine tardive, partie superposée, partie appuyée aux maçonneries de la série 26.
28. Gros murs d'enceinte, époque romaine tardive.
29. Grande butte de décombres d'où sortent de grosses maçonneries de briques (non encore explorée).

Petit temple.

30. Piliers de Thotmès III (v. pl. III, IV).
31. Colonnes de Ptolémée Philadelphe (v. pl. III).
32. Chapelle ou passage central, portes en pierre ptolémaïques, murs en briques romains (v. pl. III).
33. Grandes chambres latérales en briques, contemporaines de la restauration générale de l'édifice à l'époque romaine (v. pl. III).
34. Colonnade romaine (Caligula, Claude, Néron) (v. pl. III, IV).
35. Demi-pylône décoré par Trajan; ses fondations sont faites en blocs, dont plusieurs sculptés, qui proviennent d'un édifice de Senousrit I.
36. Base d'une colonnade bordant, à l'Ouest, l'avenue Nord-Sud d'accès au temple; époque de la grande restauration romaine, comme 34 (v. pl. IV).

37. Longue butte marquant le cours du péribole antique, couvert sur ses deux faces et sur son sommet de plusieurs étages de maisons romaines et coptes, qui remplissent aussi tout l'intervalle entre l'enceinte et les constructions du temple. C'est le long de cette enceinte et en dehors, à peu près à hauteur du 29, qu'a été trouvé gisant le colosse en granit brisé.

Temple du Sud et abords.

38. Porte de Nektanébo (v. pl. I); décoration achevée à l'époque ptolémaïque.
39. Chapelle et façade encadrant la porte de Nektanébo, bâties par Cléopâtre et Césarion et achevées par Auguste.
40. Cuve de granit encastrée dans le dallage.
41. Jambages d'époque romaine.
42. Colonnade romaine et dallage romain, travail contemporain du pylône 43.
43. Pylône romain, décoré par Caligula.
44. Grand pylône romain, décoré par Caligula; englobé dans une propriété particulière et occupé par une maison du village.
45. Tombeau d'époque romaine.
46. Autre tombeau d'époque romaine.
47. Enceinte en briques crues d'époque tardive (v. pl. II), reposant sur les assises conservées d'un mur antérieur en briques cuites et de plan discordant, qui était celui dans lequel le pylône romain 43 s'encastrait.
48. Maisons coptes, dans l'angle de l'enceinte tardive 47.
49. Porte du temps de Claude; fut noyée dans la maçonnerie du mur tardif 47 (v. pl. II).
50. *Porte peinte*, époque de Claude (v. pl. II).
51. Lambeau d'un énorme mur d'enceinte en briques: peut-être l'angle S.-O. du péribole.

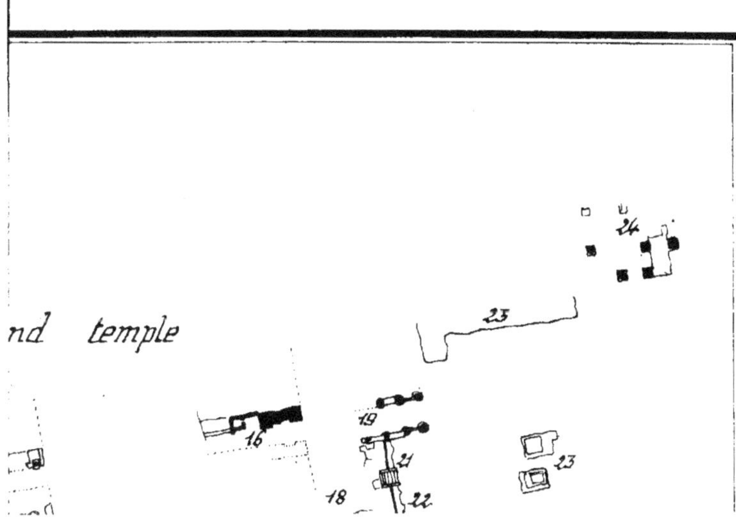

nd temple
24
23
19
16
21
23
18
22

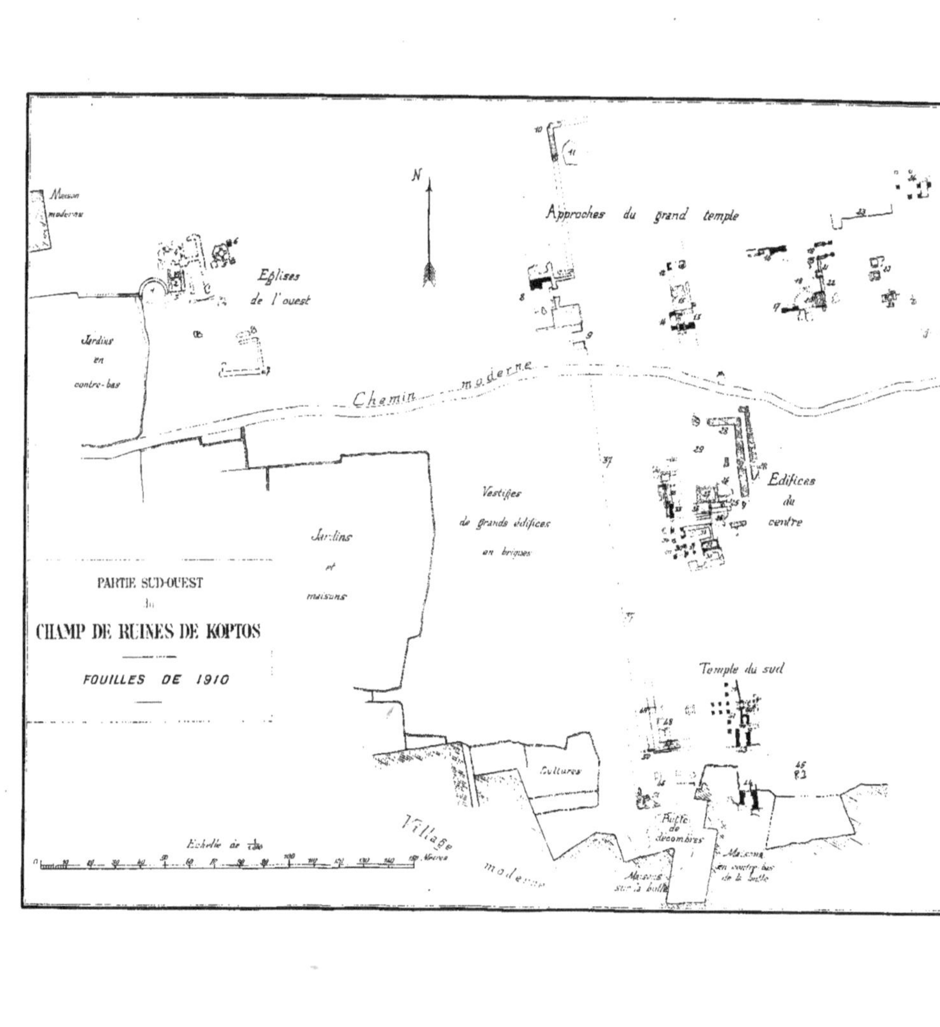

Maison moderne
Approches du grand temple
Eglises de l'ouest
Jardins en contre-bas
Chemin moderne
Vestiges de grands édifices en briques
Edifices du centre
Jardins et maisons
PARTIE SUD-OUEST
du
CHAMP DE RUINES DE KOPTOS
FOUILLES DE 1910
Temple du sud
Cultures
Village moderne
Butte de décombres
Maisons sur la butte
Maisons en contre-bas de la butte
Echelle de 1/2000
Mètres

EXPLICATION DES PLANCHES

Les numéros d'ordre se réfèrent au plan d'ensemble.

Pl. I. — Temple du Sud. La porte de Nektanébo I (38), vue de l'Ouest. La partie du seuil qui manque était celle qu'occupait la dalle réemployée de Thotmès III. A droite et à gauche, on aperçoit les constructions de Césarion et Cléopâtre (37) qui encadrent cette porte. Derrière, dans l'axe du passage, la cuve de granit 40 avec les restes des maisons postérieures. Au fond, un des plus hauts massifs subsistant de l'enceinte en briques crues.

Pl. II. — La « porte peinte » 50, vue du Sud. A droite, les maçonneries du mur 47, avec la porte 49 noyée dans ce mur.

Pl. III. — Le petit temple du centre, vu de l'O.-S.-O. dans une direction voisine de son axe. Au premier plan, à droite, la dernière au Sud des colonnes de la colonnade romaine 34; en arrière, les piliers de Thotmès III, 30, et, derrière eux, les colonnes 31 de Philadelphe; en arrière encore, la chapelle ou passage central 32. A gauche de ce dernier espace, chambre et murs en briques 33. En avant de ces chambres, les bases des deux colonnes qui encadraient la petite porte ptolémaïque historiée.

Pl. IV. — Le petit temple du centre, vue prise du Sud dans l'axe de l'avenue Nord-Sud. Au premier plan, à droite, les piliers 30 de Thotmès III; à gauche, la colonnade romaine 34; en arrière, l'emplacement du demi-pylône 35 (déjà démoli); en arrière encore, le soubassement 36 avec son retour en équerre à droite. Dans le terre-plein au fond à droite on voit la coupure de la grande tranchée menée de 35 à 25.

Pl. V. — Le baptistère 5 et le grand pilier debout 6, vue prise du N.-O. Au premier plan gisent un autre des piliers de granit et une des colonnes de granit à 8 pans.

Pl. VI. — Les ruines des églises de l'Ouest, vues du N.-O. Au premier plan, les caves en briques 2, aboutissant en arrière à la voûte en pierres de taille 3. Au fond, à gauche, le montant 7. A l'arrière-plan, les jardins au Sud de la route.

Pl. VII. — Grand temple, extrémité Ouest. L'entrée monumentale 8, vue du S.-O., pour montrer les montants en pierre ptolémaïques de la porte enchâssée dans le mur de briques, et les organes de pierre, joue de pylône et corps de garde, du côté gauche de l'avancée. En avant du montant Nord le bloc d'angle de la corniche peinte. Au fond, sur la gauche, le grand pan de mur 10, et la butte de décombres 11 qui subsiste dans l'angle de l'enceinte.

Pl. VIII. — Grand temple. Les escaliers 20 (au premier plan) et 21, vus du Sud; le mur de face de la terrasse 22, aboutissant au fond à l'alignement Sud de l'avenue 19.

CORRIGENDA

P. 6. — La pièce en albâtre n'est pas une table de libation mais une base de statue.

P. 12. — Les blocs de calcaire sculptés appartiennent à deux registres de hauteur différente.

Koptos fouilles 1910

Temple du Sud, la Porte de Nectanébo

H. Delassalle Sc.

Koptos, fouilles 1910.

La Porte peinte

Koptos fouilles 1910

Temple du Centre. Vue d'ensemble de l'Ouest

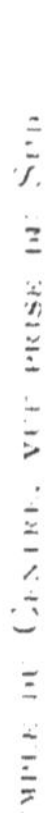

Koptos fouilles 1910

TEMPLE DU CENTRE, VUE PRISE DU SUD

H. Dujardin Sc.

Koptos fouilles 1910

Églises de l'Ouest. Le Baptistère.

Koptos fouilles 1910

Église de l'Ouest, vue prise du Nord-Ouest.

H. Demoulin, Sc.

Koptos fouilles 1910

Grand Temple, Entrée Occidentale

H. Dessolin, Sc.

Koptos fouilles 1910

Grand Temple. Escaliers de la Façade.

CHARTRES. — IMPRIMERIE DURAND, RUE FULBERT.

www.ingramcontent.com/pod-product-compliance
Lightning Source LLC
LaVergne TN
LVHW050424160826
845677LV00002BA/528

* 9 7 8 2 3 2 9 6 9 7 7 4 1 *